사업의 90%는 실패한다

사업의 90%는 실패한다

여러 번 망해 보고서야
배운 자본주의 생존기

김진균 지음

실패는 당신의
잘못이 아니다

망하는 건 정상
다시 일어서라!

좋은땅

엄한희

前 ㈜한탑 대표이사

제가 김진균 원장을 처음 만난 것은 18년 전입니다. 당시 저는 허리 통증과 다리 저림으로 일상생활이 불가능할 정도로 고통스러웠습니다. 여러 병원을 전전했지만 뚜렷한 해결책을 찾지 못하다가 마지막 희망처럼 찾아간 곳이 김 원장의 병원이었고, 그곳에서 수술을 받아 새로운 삶을 되찾았습니다. 우리의 인연은 그렇게 의사와 환자로 시작됐습니다.

그 후 우리는 뜻이 맞아 가까워졌고, 지금까지 형제처럼 지내고 있습니다. 나이는 제가 8살 많지만 그는 존경하는 동생입니다.

저는 반도체 장비 부품 전문업체 ㈜한탑을 운영하며 수차례 부도의 위기를 겪었습니다. 작은 금속 가공업체로 출발해 세계적 기업들과 거래하기까지 수많은 고비를 넘어야 했습니다. 제가 지켜 온 신념은 기본과 원칙이었고, 김 원장 역시 이를 의료와 경영에 일관되게 적용했습니다.

15년 전 그는 "경영을 배우고 싶다"며 제 회사를 직접 찾아와 공장 분위기, 직원들의 움직임, 조직의 원리까지 꼼꼼히 살피며 배웠습니다. 의료라는 전혀 다른 영역에 있으면서도 경영의 본질을 이해하려는 그의 태도는 지금도 선명하게 기억납니다.

종합병원이 무너질 때 저는 김 원장 곁에 있었습니다. '유치권 행사'라는 붉은 플래카드가 병원 정문에 걸려 있었습니다. 김 원장은 동분서주했지만 결국 병원은 폐업하고 말았습니다. 그러나 그는 다시 일어섰습니다. 규모는 작아졌지만 새로운 수술법을 고안하고 자신만의 길을 개척했습니다. 성실함과 끈기가 결국 그를 독보적인 기술을 가진 의사로 만들었습니다.

경영이 어려울 때에도 그는 연구와 기술 개발을 멈추지 않았고, 책과 유튜브로 지식과 경험을 나누었습니다. 저는 곁에서 그 모습을 지켜보며 응원했습니다.

김 원장은 여러 번 무너졌지만 다시 일어났습니다. 저 역시 수차례 위기를 넘긴 적이 있습니다. 결국 포기하지 않으면 누구든 새롭게 시작할 수 있습니다. 이 책은 실패와 재기에 대한 생생한 증언이며, 독자들에게 앞으로 나아갈 용기를 줄 것입니다.

저는 김 원장과 자주 통화합니다. 그의 목소리에는 실패를 두려워하지 않는 용기와, 무너져도 다시 일어서는 힘이 담겨 있습니다. 그것이 제가 김 원장을 존경하는 가장 큰 이유입니다.

제가 물었습니다. "의사가 왜 파산 이야기를 다룬 책을 쓴 거야?" 김 원장은 주저 없이 답했습니다. "사람 살리려고요."

저는 그때 알게 되었습니다. 그는 의술로만 사람을 구하는 것이 아니었습니다. 사업이 무너져 벼랑 끝에 선 이들까지 살리고자 했습니다. 실패의 아픈 경험까지 꺼내어 나누는 사람이 바로 김 원장입니다.

2026년 2월

형 엄한희

사업의 90%는 실패한다

실패에서 다시 일어선 사람들의 이야기

김진균 원장님을 처음 만난 날을 지금도 기억합니다. 밤늦게 사무실에 들어오던 모습에서 지친 기색이 뚜렷했습니다. 원장님은 이미 병원이 무너진 뒤 모든 것을 정리하고 떠난 상태였습니다. 놀라웠던 점은 법률 분쟁이 산적한 상태에서도 변호사 도움 없이 혼자만의 노력으로 병원을 정리하고, 고용 승계를 통해 직원들을 보호하고, 거래처의 피해까지 막았다는 사실입니다. 다만 안타까웠던 것은 그 힘든 과정을 홀로 오랫동안 감당했다는 점입니다. 힘들고 외로운 상황에서도 끝까지 정직하게 버텨 낸 모습이 인상 깊었고, 존경스러웠습니다.

김진균 원장님의 경우 행운이 따랐다고 볼 수 있습니다. 병원과 재산을 다 잃었지만 개인 신용에 큰 영향 없이 마무리할 수 있었기 때문입니다. 그러나 누구나 그런 행운을 기대할 수는 없습니다. 원장님 역시 변호사 등 전문가의 도움을 받지 않은 것을 매우 후회하고 있었습니다. 병원을 정리한 이후에도 관련 소송이 이어졌고, 새로운 병원을 준비하는 과정에서도 사기와 이중매매를 당하기도 했습니다. 마침내 2019년 중반 다시 병원을 개원하고 재기를 도모했으나, 불과 6개월 만에 코로나19 팬데믹이 닥쳤습니다. 큰 위기가 분명했지만 김진균 원장님은 과거의 경험을 바탕으로 버텨 냈습니다.

10년 이상 파산·회생 전문 변호사로 활동한 제가 볼 때 채무자들이 파산 또는 회생이라는 법적 문제를 고민하면서 가장 두려워하는 것은 '실패자'로 보는 사회적 시선이 아닐까 합니다. 이런 두려움은 '의사'인 김진균 원장님의 경우도 예외가 아니며, 오히려 그 직업 때문에 더 큰 사회적 편견에 둘러싸일 수도 있습니다.

하지만 파산·회생이라는 법적 제도는 최선을 다했지만 실패한 이들에게 다시 기회를 주고, 새롭게 시작할 수 있도록 도와주는 사회적 장치입니다. 파산·회생에 직면했거나 이를 고민하는 채무자들의 대부분은 게으르거나 도덕적 해이에 빠진 사람들이 아닙니다. 코로나19와 같이 예측조차 할 수 없는 전염병 발생, IMF 또는 세계적인 금융위기 등 국내외의 급격한 경제사정 변동, 국가 또는 지방자치단체의 정책 변화, 예기치 못한 거래처의 부도 등 외부 요인으로 어려움에 처한 경우가 많습니다. 따라서 실패에 매몰되지 말고 파산·회생 절차 등 법적 제도의 도움을 받아 재기하는 것이 법의 취지를 제대로 실현하는 길입니다.

제가 김진균 원장님의 원고를 감수하며 놀란 점은 파산·회생법을 전문적으로 공부하지 않았음에도 그 본질을 정확히 파악했다는 사실입니다. 이 책은 파산·회생이라는 법적 절차나 기술적 설명보다 '실패'와 마주한 사람들의 마음가짐과 재기의 의지가 더 중요하다는 사실을 보여 줍니다. "실패가 정말 내 탓인가?", "왜 다시 일어서야 하는가?"라는

사업의 90%는 실패한다

질문에 답을 찾는 과정에서 얻은 '하지 말아야 할 선택'과 '지켜야 할 원칙'을 알려 줍니다.

이 책은 법률 해설서가 아니라, 당장 생존과 재기가 절실한 사람들을 위한 매뉴얼입니다. 김진균 원장님은 "넘어질 확률이 높기에 반드시 다시 일어나야 한다"고 강조합니다. 이것이 진정한 기업가 정신이며 핵심 메시지입니다. 절망의 터널에서 길을 잃은 이들이 이 책을 통해 다시 나아갈 길을 찾기를 바랍니다.

2026년 2월

변호사 심용확

숫자만으로는 알 수 없는 성공의 조건

기업의 흥망성쇠를 숫자로 읽지만, 그 본질은 재무제표만으로는 알 수 없습니다. 사업 성패의 진정한 조건은 장부에 담기지 않기 때문입니다.

저는 증권회사, 은행, 금융지주회사, 손해보험사에서 약 20년간 근무하며 기업 재무제표를 분석하고 감사를 담당했습니다. 그 과정에서 성장하는 회사의 공통점과 무너지는 회사의 징조를 숫자 속에서 읽어 낼 수 있었습니다. 매출은 시장 경쟁력을, 비용 구조는 경영 효율성을, 부채 비율은 재무 건전성을, 현금흐름은 기업의 생존력을 드러냅니다.

분석을 거듭하며 느낀 점은, 노련한 사업가일수록 여러 번 실패를 겪었고, 탄탄한 기업일수록 최악의 상황에 철저히 대비하고 있다는 사실입니다. 위기 때 기업의 진짜 힘이 드러나고, 준비된 실패는 다음 성공의 발판이 됩니다. 하지만 숫자 뒤에는 결국 사람의 의지와 행동이 있습니다.

사업 실패를 숫자로만 보면 명확해 보입니다. 재무제표상 드러나는 빈약한 매출, 과도한 비용, 손익계산서의 적자, 악화된 현금흐름, 자산

사업의 90%는 실패한다

과 부채의 불균형 등입니다. 그러나 객관적인 숫자로 모든 것을 이해하기는 어렵습니다.

회계사로서 막연히 알던 사실을 아내로서 곁에서 지켜보며 진정으로 이해하게 되었습니다. 그 숫자 뒤에는 절박한 상황 속에서도 정직하게 고군분투하는 사람이 있습니다. 이 책의 저자이자 제 남편인 김진균 원장의 실패와 재기를 곁에서 지켜보며, 재무제표로는 결코 담아낼 수 없는 사업의 무게를 깊이 느꼈습니다.

원고를 읽으며 숫자만으로 짐작했던 '그 사람의 하루와 진심'을 뚜렷이 느낄 수 있었습니다. 가장 가까운 자리에서 오랫동안 지켜 온 사람으로서, 문장 속에 담긴 고통과 결단을 깊이 이해할 수 있었습니다. 모두 안다고 생각했지만, 제가 짐작했던 것보다 훨씬 치열하고 처절했음을 깨달았을 때 가슴이 아팠습니다.

병원이 무너진 뒤 다시 일어서려 애쓰던 모습을 지켜보는 것만으로도 안쓰러웠습니다. 혼자 짊어져야 했던 짐은 제가 상상한 것보다 훨씬 무거웠습니다. 수많은 밤을 고민 속에서 보내며 작은 희망을 붙잡으려 하던 시간들이 아직도 생생히 떠오릅니다. 그래서 저는 이 책의 한 문장, 한 장면이 얼마나 값진 경험에서 비롯된 것인지 잘 알고 있습니다.

이 책을 감수하면서 회계사로서 제가 주목한 것은 두 가지입니다. 첫째, 실패를 숨기지 않았다는 점입니다. 둘째, '하지 말아야 할 것'과 '해야 할 것'을 명확히 구분했다는 점입니다. 많은 경영서가 성공담에 집중하는 반면, 이 책은 실패 과정을 실무 관점에서 보여 줍니다. 채권자 대응, 자금 관리, 기록 보존 같은 실무 과정이 생생히 담겨 있어, 현장에서 기업 회생을 돕는 전문가들도 충분히 공감할 수 있습니다. 이런 통찰이 담긴 이야기는 직접 겪고 극복한 사람만이 전할 수 있습니다.

이 책은 위기를 끝까지 견뎌 낸 한 사업가의 기록입니다. 화려한 전략보다 버티는 힘과 회복력이 더 중요합니다. 수많은 기업을 분석해 본 결과, 사업의 성패는 결국 위기를 정면으로 마주하고 끝까지 포기하지 않는 태도에 달려 있었습니다. 현실적으로 실패 확률이 훨씬 높기 때문에, 인내와 준비는 곧 생존 그 자체와 맞닿아 있습니다. 저자는 이 점을 실제 경험과 구체적 사례로 풀어내어, 독자들이 자신의 경영 철학과 위기 대응 태도를 되돌아보게 합니다.

감수하는 과정에서 숫자와 장부만으로는 드러나지 않는 '진심과 정성을 다하는 태도'의 중요성을 깨달았습니다. 그 고된 길을 곁에서 지켜본 사람으로서, 이 책이 단순한 기록이 아니라 '견뎌 낸 시간의 증거'임을 누구보다 잘 압니다.

사업을 준비하는 이들, 지금 위기를 겪는 이들, 실패 후 다시 일어서기를 꿈꾸는 모든 이에게 이 책을 권합니다. 재무제표가 말해 주지 않는 진실, 그리고 위기 앞에서 무너지지 않는 길이 담겨 있습니다. 숫자는 현실과 방향을 보여 주지만, 미래를 여는 것은 결국 사람의 의지입니다.

2026년 2월

공인회계사 권경희

　　　　　　　　　　사업의 90%는 실패한다

내가 무능해서 망한 것이 아니었다

창업의 상당수는 실패로 끝난다. 5년 안에 65%가 폐업하고, 10년 이상 버티는 기업은 10% 미만이다. 2024년 통계청 자료가 보여 주는 냉정한 현실이다. 망하는 일은 예외가 아니다. 이 현실을 외면하면 그 대가는 혹독하게 찾아온다.

나는 여러 번 실패를 겪었지만, 종합병원이 망했을 때의 충격은 너무 컸다. 삶의 의미와 목적까지 흔들렸다. 이로 인해 몸과 마음은 동시에 무너졌다. 자존감은 바닥에 떨어졌으며, 의지하던 인맥과 희망까지 한순간에 사라졌다. 주변 사람들은 내가 극단적인 선택을 하지 않을까 우려했다.

병원이 무너진 순간, 나도 함께 무너졌다. 과거 봉직의로 일할 때 좋은 성과를 냈고, 50병상 규모의 병원을 3년 연속 흑자로 운영했던 경험이 있었기에 종합병원을 열면 더 크게 성공할 것이라 믿었다. 그러나 시작부터 꼬여 너무 빨리 망해 버렸다. 매일 밤 스스로에게 물었다. '내가 무능한 의사였나, 아니면 경영 능력이 부족했던 걸까?' 끝없는 자책 속에서 하루하루를 겨우 버텼다.

　병원이 어려워지자 나는 집을 팔고 차도 정리했으며, 보험을 해지하고 비상금까지 모두 쏟아부었다. 돈이 모자라자 가까운 친구와 동료, 함께 일했던 의사, 안면이 있던 병원장들에게 돈을 빌렸다. 얼마나 염치가 없었는지, 대학 시절 은사님께도 찾아갔고, 평소라면 절대 도움을 청하고 싶지 않았던 사람에게까지 손을 벌렸다. 그래도 부족해 결국 사채까지 손댔다. 그때의 나는 병원이 망하면 곧 내 인생도 끝난다고 믿었고, 어떻게든 병원을 살리겠다는 맹목적인 집념으로 매달렸다.

　병원이 가장 어려웠던 시기에도 나는 파산이나 회생 제도를 활용할 수 있다는 사실을 알지 못했다. 만약 그런 제도를 알았다면 그렇게까지 주변에 피해를 끼치며 버티지는 않았을 것이다. 병원 문을 닫고 나서야 비로소 파산 제도를 알았다. 이런 무지 때문에 더 깊은 수렁에 빠졌고, 결국 가까운 이들에게 깊은 상처를 남겼다.

　처음에는 실패의 원인을 나 자신의 게으름과 무능에서 찾았다. 시간이 지나면서 메르스 사태와 경제 위기, 과도한 규제와 의료 정책 변화 같은 외부 요인들을 떠올렸다. 사기를 당했을 때는 가해자를 원망했고, 악의적인 공격을 받았을 때는 상대에게 분노했다. 감정에 휩싸여 아무 일도 못 하고, 자책과 원망 사이를 끝없이 오가며 마음이 요동쳤다.

　그러나 시간이 흐르면서 점점 더 알게 되었다. 사업에는 예측할 수 없는 사건들이 끊임없이 일어나며, 실패가 반드시 개인의 무능 때문만은 아니다. 사업은 구조적으로 실패 확률이 높다. 대다수가 실패한다는 사실을 미리 알았다면, 나는 그토록 깊이 절망하지는 않았을 것이

　　　　　　　　　　　　　　사업의 90%는 실패한다

다. 특정 문제 때문이 아니라, 시장 자체가 본래 냉혹하다는 사실을 깨닫기까지는 긴 시간이 걸렸다. 나를 괴롭혔던 사기꾼이 없었어도 다른 위험이 찾아왔을 것이다. 그 깨달음 덕분에 이제는 나에게 못된 짓을 한 사람까지도 원망하지 않게 되었다.

문제는 미디어가 극소수의 성공만을 조명하고, 그 이면의 높은 실패 확률은 외면한다는 점이다. 그 결과 많은 창업자가 위험을 제대로 알지 못한 채 뛰어든다. 막상 실패가 닥치면 스스로를 몰아붙이며 감당하기 힘든 고통을 겪게 된다.

사업은 처음부터 실패 가능성을 전제로 시작해야 한다. 망할 수도 있다는 생각을 해야 위기가 와도 크게 흔들리지 않는다. 반대로 성공만을 전제로 뛰어들면, 상황이 무너졌을 때는 손쓸 방법이 없다. 자금이 끊기면 무엇을 먼저 정리하고 무엇을 지켜야 할지 판단할 기준이 필요하다. 그 기준이 있느냐 없느냐가 재기의 갈림길을 좌우한다.

나는 그런 기준이 전혀 없었다. 늘 성공만 상상했고, 일이 틀어질 가능성은 아예 고려하지 않았다. 결국 가진 자산을 모두 쏟아부었고, 그 부담은 주변 사람들에게까지 전가되었다.

사업을 하다 보면 예측하지 못한 위기가 반드시 찾아온다. 직원의 배신, 금융 경색, 정책 변화, 경기 침체, 메르스나 코로나 같은 전염병, 교묘한 사기까지 그 형태는 다양하다. 예전에는 이런 불운이 나만 겪는 특별한 시련이라고 여겼다. 그러나 지금은 사업을 하는 한 누구에게나 일어날 수 있는 과정임을 안다.

이제는 확실히 알게 되었다. 사업에 실패했다고 해서 무능한 사람으로 단정할 수는 없다. 애초에 사업은 실패를 전제로 하는 세계다. 지금 운영하는 병원도 적자이지만, 망할 가능성을 하나의 변수로 받아들이자 오히려 마음이 더 담담하고 견고해졌다.

이 책을 읽는 독자에게 전하고 싶다. '어떻게 성공할까'만 고민하지 말고, '무너졌을 때 마지막으로 무엇을 지킬지'도 함께 생각해야 한다. 위기는 반드시 찾아온다. 그러나 삶 전체가 무너지지 않도록 붙잡을 최소한의 안전줄은 스스로 만들 수 있다. 막연한 희망이 아니라, 준비가 사람을 살린다. 위기 속에서 끝까지 버티게 하는 힘은 결국 스스로 세운 원칙과 대비책이다.

사업이 무너져도 인생이 끝나는 것은 아니다. 준비된 실패는 재기의 발판이 된다. 파산은 무능의 증거가 아니라 피할 수 없는 사업의 본질일 뿐이다.

지금 겪는 어려움은 결코 헛되지 않다. 몸과 마음을 돌보고 호흡을 가다듬으며 다음 기회를 준비하면 된다. 누구나 다시 시작할 수 있다. 망할 가능성을 받아들이면서도 다시 도전하는 사람이야말로 사업가다. 이제 그 길이 얼마나 고된지 몸소 안다. 파산을 견뎌 내는 과정에서만 얻을 수 있는 깨달음이 있다. 무너진 자리에서 다시 일어서는 일이 얼마나 외롭고 처절한지, 또 얼마나 값진지 누구보다 잘 알게 되었다.

이 책은 단순한 경제서가 아니다. 의사로서 사람을 살리겠다는 마음으로 쓴 '생존 지침서'다. 나는 경제 전문가는 아니지만, 여러 번의 흥망

을 온몸으로 겪으며 사업의 무게를 배웠다. 누구든 다시 일어설 수 있
다. 극단적인 선택을 고민하거나 모든 것을 내려놓으려는 이들이 이
책을 통해 다시 일어설 이유와 용기를 찾기를 간절히 바란다.

2026년 2월
털보의사 김진균

목 차

1장

모든 것이 무너진 뒤 맞이한 아침

가슴이 답답해 눈을 떴을 때, 나는 원장실 소파에 누워 있었다. 집에 가지 않은 지 한 달이 넘었고, 병원에서 잠드는 것이 일상이었다. 아침이 밝았지만 진료가 멈춘 병원은 유난히 고요했다. 사무실 안에는 담배 냄새가 짙게 배어 있었다.

병원이 무너지기 전에는 부도를 막으려고 온종일 뛰어다녔다. 매출을 늘리고 수익 구조를 바꾸려 애썼다. 은행 사람들을 수십 번 만나 추가 대출을 요청했고, 투자자를 찾아 헤맸다. 큰 병원 원장들에게 전화를 걸어 인수를 제안했고, 직접 찾아가 병원 상태를 설명했다. 사기꾼들도 많이 나타났다. 급한 사람 주변에는 어김없이 그런 사람들이 모여든다.

사정이 나빠지자 스케줄은 채권자 약속, 은행 업무, 투자자 면담으로 가득 찼다. 직원 급여는 밀리고 거래처 대금도 제때 지급하지 못했다. 책상 위에는 내용증명과 법적 조치 통보 우편물이 끝없이 쌓여 갔다. 봉투를 열 때마다 낯선 법률 용어가 쏟아져 숨이 막혔다.

망하지 않으려 발버둥 치다가 결국 모든 것을 내려놓았다. 처음에는 힘든 것이 끝났다는 생각에 오히려 안도감이 들었지만, 곧 인생이 끝난 듯한 허탈감이 밀려왔다. 무엇부터 손대야 할지 몰랐다. 잠들기만 하면 가위에 눌렸고, 깨어 있을 때도 온몸이 굳어 있어 한 발짝도 움직일 수 없었다. 그때는 나를 지탱하던 모든 의미와 힘이 사라진 듯했다.

　　　　　　　　　　　　　사업의 90%는 실패한다

문을 닫은 종합병원의
달라진 일상

　망한 직후에도 세상은 예전과 다름없이 움직였지만, 병원 안의 시간만 멈춰 있었다. 평소 같으면 밤새 응급실 불이 켜져 있고, 아침 8시면 외래 환자를 맞을 준비로 분주했을 것이다. 접수창구 앞에 줄을 선 환자들, 왁자지껄한 대기실, 복도에서 카트를 미는 바퀴 소리와 직원들의 인사말이 뒤섞이던 풍경이 일상이었다. 당시 260병상 규모의 종합병원은 거대한 생명체처럼 깨어나곤 했다.

　그러나 병원이 망하자 숨을 멈춘 듯 고요해졌다. 1층 로비는 텅 비었고, 전광판은 꺼진 채 어둠 속에 묻혀 있었다. 정체된 공기와 메마른 먼지만이 건물을 채웠다. 직원 대부분은 떠났고, 남은 측근 몇 명만 원장실 주변을 오갔다. 그들은 내 안색을 살피며 불안하게 걸음을 옮겼다.

　나는 병원 밖으로 한 발자국도 나갈 수 없었다. 유치권을 주장하며 들어오려는 사람들이 있었기 때문이다. 어느 날은 채권자 무리에 섞여 들어온 건설사 직원 네 명이 빈 병실 침대에 누워 있었다. "여기서 뭐

하십니까?" 하고 묻자 그들은 태연히 "유치권 행사 중입니다"라고 답했다. "주인이 있는데 어떻게 유치권이냐"고 따졌지만, 그들은 나갈 생각이 전혀 없었다. 결국 경찰을 불러 내보냈지만, 그런 시도는 반복됐다. 나중에 알았지만 건물이 이미 인도된 뒤에는 주인 없는 건물에 들어와도 유치권이 성립하지 않는다. 오히려 건조물침입죄로 형사처벌을 받는다. 그러나 그 사실을 몰랐기에 단 하루도 병원을 비울 수 없었다.

원장실 책상 위에는 내용증명과 소송 서류, 재무 관련 문서가 산더미처럼 쌓여 있었다. 나는 채권자 명단을 정리하고 은행에 직접 연락해 경매 지연을 요청했으며, 동시에 인수자와 투자자 면담 자료도 준비했다. 병원의 입지와 장점, 미래 가치를 담은 자료를 손에 들고, 인수 의향이 있는 법인이나 투자자에게 제안하러 다녔다.

그 과정에서 수많은 사람을 만났다. 상업펀드 관계자, 저축은행 임원, 재일교포 투자자, 원장들, 의료재단 관계자, 정체불명의 투자팀까지 전국에서 찾아왔다. 그들의 인수 조건은 제각각이었고, 빈틈을 노리는 사기꾼도 적지 않았다. 정책 자금을 빌려주겠다며 접근하는 대출 브로커도 끊임없이 나타났다.

투자나 인수 의향을 보이면 어디든 달려갔다. 한 병원에서는 인수 검토를 위해 설명회를 요청했고, 어느 저축은행은 '병원에 자금을 빌려줄 테니, 정상화되면 매각하자'며 임원 회의에 나를 불렀다.

내 원장실 회의 테이블 위에는 병원 평면도, 재무제표, 채무 목록이 뒤엉켜 있었다. 방문자들은 허락도 받지 않고 서류를 뒤적이며 계산기

   사업의 90%는 실패한다

를 두드리거나, 현실과 동떨어진 무례한 질문을 쏟아냈다.

보건소 직원이 병원의 상황을 확인하러 왔고, 나는 사무실에서 상황을 차근차근 설명했다. "앞으로 폐업이나 재가동할 계획이 있습니까?"라는 질문에 신중하게 답변했다. 문을 닫은 상태였기에 서류상으로도 폐업 절차를 빨리 정리하고 싶었지만, 까다로운 절차 때문에 마무리하지 못했다. 그 후에는 관할 경찰서 형사가 방문해 사실관계를 조사했고, 지역 정치인과 유지들도 찾아와 상황을 확인하고 갔다.

"원장님, 치료받아야 하는데 어떡합니까?" 환자들은 문을 닫은 줄 모르고 여전히 찾아왔다. 마음이 무너졌지만, 결국 "다른 병원으로 가셔야 합니다"라고 말할 수밖에 없었다. 어떤 환자는 "여기 제 자료가 다 있는데, 어디로 가라는 겁니까?"라며 발걸음을 떼지 못했다. 나는 필요한 자료를 모두 복사해 주고, 죄송하다는 말만 반복했다.

낮에는 환자 대신 채권자들이 병원에 드나들었다. 하루에도 수십 명이 면담을 요청했는데, 나는 그들을 모두 만났다. 감정이 격해진 채 서류를 내던지며 목소리를 높이는 사람도 있었고, "이렇게 크게 망하고도 안 도망간 원장은 처음 본다"라며 격려하는 이도 있었다. 어떤 대표는 울먹이며 사정을 털어놓기도 했다. 채권자들의 목소리가 하루 종일 병원을 메웠다.

저녁이 되면 병원은 다시 고요해졌다. 불이 켜진 곳은 원장실뿐이었고, 거대한 건물 전체는 어둠에 잠겼다. 문을 열면 식당 겸 강당이 바로 보였는데, 짙은 어둠이 넓게 깔려 있었다. 가끔 알 수 없는 소음이나 기차 굉음이 정적을 깨며 울리는 것 말고는 너무 적막해서 선풍기 소리마저 또렷하게 들렸다.

건물은 여전히 그 자리에 있었지만, 환자와 의료진이 사라진 곳은 더 이상 병원이라 할 수 없었다. 환자 대신 채권자가 드나들고, 진료 대신 채무 협상과 매각 관련 이야기가 오가고, 웃음 대신 고성과 한숨이 뒤섞였다. 오히려 적막한 밤이 더 편안했다. 나는 빚더미인 병원을 매각해야 하는 4개월 동안 문밖을 나가지 못했다. 어느새 창문 너머 계절은 여름에서 가을로 넘어갔고, 나는 그 변화를 감흥 없이 지켜보았다.

사업의 90%는 실패한다

2절

사업이 무너지면
몸과 마음도 무너진다

병원이 멈춘 뒤, 텅 빈 건물에는 나 혼자뿐이었다. 불 꺼진 복도는 동굴 같았고, 익숙하던 병실과 안내판이 낯설게 다가왔다. 밤은 기묘할 만큼 적막했다. TV를 켜 보기도 하고 음악을 틀어 보기도 했지만, 화면은 눈에 들어오지 않았고 소리는 허공에 흩어졌다. 결국 아무것도 켜지 않고 천장만 바라보며, 눈을 뜬 채 가라앉듯 누워 있는 시간이 점점 길어졌다.

새벽의 병원은 현실감이 사라진 듯 고요했다. 인기척이 전혀 없었다. 무인도에 홀로 떨어진 듯한 고독이 스며들었다. 어디선가 들리는 기계음과 환풍기 소리가 유난히 크게 울렸다. 평소 같으면 수상한 소리에 가슴이 철렁했겠지만, 자포자기한 상태라 두렵지도 않았다.

문을 닫자 그동안 참았던 억울함과 상실감이 뒤섞여 크게 다가왔다. 나는 일주일간 거의 먹지 못했다. 물만 마시며 버티다 보니 걸음이 휘청거렸고, 눈앞이 어두워졌다. 쓰러질 것 같아 벽을 짚고 서 있어야 했다. 배는 텅 비어 쪼그라들었고, 속 쓰림이 올라와도 그냥 두었다. 한참이 지나서야 '쓰러질 때 쓰러지더라도, 나로 인해 고생하는 사람들을 위해 뒷수습만은 해야 한다'는 생각에 억지로 밥을 먹기 시작했다. 맛이 느껴지지 않았지만, 살기 위해 목구멍으로 밀어넣었다. 구내식당에는 남은 쌀과 라면이 있었다. 라면을 끓여 밥을 말아 죽처럼 삼켰다. 입 안은 바싹 말라 텁텁했고, 혀는 까칠해 밥이 잘 넘어가지 않았다. 결국 물로 흘려보내듯 넘겼다. 지인들이 치킨이나 떡볶이를 들고 와 "먹는 걸 보고 가겠다"고 했다. 내가 먹지 못한다는 것을 모두 알고 있었기 때문이다.

괴로움에는 술담배가 따라온다. 술은 체질상 맞지 않아 손댈 수 없었기에 담배가 유일한 버팀목이었다. 담배를 쉬지 않고 끝없이 피워 댔다. 하루 두 갑은 기본이었고, 많을 때는 다섯 갑까지 태웠다. 담뱃불을 끄자마자 다시 불을 붙이는 일이 습관이자 의식이 됐다.

원장실은 늘 희뿌연 연기로 가득했다. 벽지와 천장은 누렇게 물들었고, 가구에는 매캐한 냄새가 깊이 스며들었다. 손끝과 머리카락에도 연기가 진하게 배었고, 심지어 소변에서도 담배 냄새가 났다. 숨을 내쉴 때마다 폐 깊숙한 곳에서 재 냄새가 치밀어 올랐다. 담배 연기 속에서 시간은 흘러갔다.

마약성 약물은 손만 뻗으면 닿는 곳에 있었다. 그러나 예전에 마약 중독으로 모든 것을 잃은 동업자를 지켜본 기억 때문에, 그 길만은 절대로 가지 않겠다고 다짐했다. 금고 열쇠를 신뢰할 만한 측근에게 맡

사업의 90%는 실패한다

기고, 내게는 절대로 열어 주지 말라고 부탁했다. 그 결심 하나만은 끝까지 지켜냈다.

자기 학대는 병원이 기울던 시절부터 이미 시작됐다. 마음의 고통을 달래려 몸을 더 혹사시켰다. 삶의 의욕을 잃고 오랫동안 단식한 적도 있었다. 무려 11일 동안 아무것도 먹지 않았다. 나중에는 배고픔이 사라져 계속 굶을 수 있을 것 같았지만, 곁을 지켜 주던 친구의 간절한 설득 덕분에 다시 음식을 입에 댔다. 그 친구가 없었다면 정말 위험했을 것이다.

괴로움을 잊으려고 일부러 자극적인 음식을 찾아 먹기도 했다. 혀가 마비될 정도로 매운 음식, 평소라면 냄새조차 견디지 못했을 삭힌 홍어까지 억지로 먹었다. 입안이 얼얼하고 역겨움이 치밀었지만, 그 고통이 잠시나마 마음의 통증을 가려 주는 듯했다. 지금 생각해 보면 몸과 마음을 동시에 학대하고 있었던 셈이다. 몇 번을 반복하다 보니 아이러니하게도 그 맛에 익숙해졌다. 정말 우습게도 나는 지금 삭힌 홍어 마니아다. 그런 걸 보면, 고통 속에서도 살고 싶다는 의지가 꿈틀거리고 있었는지도 모른다.

몰락 이후에는 건강 이상 신호가 하루 종일 이어졌다. 머리는 늘 지끈거렸고, 목과 허리도 쑤셨다. 속이 쓰렸고, 가슴이 이유 없이 두근거렸으며, 조금만 움직여도 숨이 찼다. 피곤해도 잠들 수 없었고, 겨우 눈을 붙이면 금세 악몽이 덮쳤다. 약을 챙겨 먹을 힘도 의지도 없었다. 나 때문에 많은 이들이 고생할 것을 생각하면, '아프다'는 말을 차마 꺼낼 수 없었다.

‘왜 이렇게 되었을까?’ 고민하다 보면 생각은 늘 과거로 흘렀다. ‘그때 왜 병원을 확장했을까? 규모를 키우지 않고 이전만 했다면 버틸 수 있었을지 모른다.’ 이런 생각들을 수십 번 되풀이하며 후회가 끊이지 않았다. 하루에도 몇 번씩 굳은 결심을 세웠다가, 이내 무너지기를 반복했다. 오전에는 ‘정리만 잘하면 큰 피해는 막을 수 있다’며 마음을 다잡았다가, 오후에는 모든 것을 내려놓고 싶었다. 오래전에 ‘스스로 생을 끊지는 않겠다’고 맹세한 덕분에 극단적인 행동으로 옮기지는 않았다. 하지만 잠들 때마다 이대로 깨어나지 않기를 간절히 바랐다.

상실감과 자책에 짓눌려 몸을 돌보지 않았다. 몸무게는 빠르게 줄었고, 거울에 비친 얼굴은 초췌해졌다. 몸과 마음이 함께 무너질 때, 사람은 상상보다 더 빨리 바닥으로 추락한다. 나는 그렇게 오랫동안 스스로를 방치했다. 담배를 4갑 이상 피우는 날이 대부분이었다. 심장과 폐가 약해지는 것을 느끼면서도 나 자신을 외면했다. 그 결과 병원을 정리한 다음 해에 급성 심근경색을 겪었다. 중환자실에서 3일간 사경을 헤맸다. 살아남았다는 사실이 기적처럼 느껴졌다. 다시 그 시절로 돌아간다 해도 모든 문제를 해결할 자신은 없다. 그러나 아무리 괴로워도 자기 몸을 그렇게 학대해서는 안 된다. 지금의 나라면, 적어도 그때처럼 몸과 마음을 무너뜨리지는 않을 것이다.

　　　　　　　　　　　　　　　　사업의 90%는 실패한다

독촉, 압류, 경매

사업이 무너진다는 것은 단순히 돈이 끊기는 것이 아니었다. 딛고 있던 땅 전체가 흔들리는 지진과도 같았다. 내가 세웠던 종합병원은 수많은 계약과 인력, 대규모 시설을 유지해야 하는 구조였다. 병원의 심각한 문제는 순식간에 여러 갈래로 퍼져 계약과 신뢰, 관계와 심리까지 무너뜨렸다. 처음에는 재무팀이 며칠에 한 번씩 "잔고 부족으로 결제가 불가능합니다."라는 보고를 올렸다. 어느 거래처 대금이 밀렸는지, 장비 유지보수 비용이나 전기요금이 연체됐는지 하나하나 상세히 보고됐다. 그때까지만 해도 며칠 안에 자금이 들어오면 버틸 수 있을 것이라고 생각했다.

그러나 대출이 잇따라 무산되고 몇 주가 지나자 결제 불능 건수는 급격히 늘어났다. 재무팀도 더는 개별 보고를 하지 못하고, "오늘도 여러 건 결제가 처리되지 못했습니다."라는 짧은 말로 대신했다. 곧 소모품 대금, 약품비, 공과금, 은행 이자, 장비 리스료, 청소 용역비까지 거의 모든 항목이 밀렸다. 소모품 공급이 끊겼고, 필수 장비의 정기 점검마저 중단됐다.

결제가 밀리자 거래처 대표들의 전화가 잦아졌다. "소문이 좋지 않던데, 괜찮으신 거죠?"라며 조심스럽게 물어보았지만, 그 말 안에는 불안과 경계심이 뚜렷이 배어 있었다. 위기가 본격화되자 사방에서 독촉이 쏟아졌다.

장비 업체 대표도 전화를 걸어왔다. "장비를 좋은 조건으로 드렸는데 이러시면 안 됩니다. 우리 사정이 너무 어렵습니다. 이번 주 안에는 꼭 부탁드립니다." 그 목소리에는 절박함과 불안, 배신감과 분노가 뒤엉켜 있었다.

이름도 생소한 채권 추심 업체가 전화를 걸어왔다. 기존 채권자가 회수가 어렵다고 판단해 전문업체에 채권을 매각한 것이었다. 그들의 태도는 거래처와는 차원이 달랐다. 일상적인 단어만을 썼지만, 그 어조와 말 사이의 침묵에는 위협이 숨어 있었다.

급기야 은행 지점장까지 연락을 해 왔다. "사정이 많이 어렵다고 들었습니다. 이자가 밀렸는데 혹시 내일까지 납입이 가능하실까요? 어렵다면 어쩔 수 없지만, 혹시나 해서 연락드렸습니다." 정중한 말투였지만, 실제로는 최후통첩이나 다름없었다.

채권자들의 태도는 갈수록 거칠어졌다. 전화를 끊고 나서도 가슴이 두근거려 한동안 진정되지 않았다. 아는 번호와 낯선 번호가 뒤섞여 울렸고, 나중에는 휴대전화 화면만 켜져도 가슴이 철렁했다. 전화를 피한다고 해서 상황이 멈추지 않았다. 응답하지 않으면 채권자가 직접 찾아와 거의 협박하듯 몰아붙였다. 내용증명은 수북이 쌓일 정도로 많이 왔고, 압류 통지서와 소송 서류가 연이어 도착했다. 이런 압박이 몇 달 동안 이어져 일상을 완전히 잠식했다.

재정적 압박은 생활 전반을 무너뜨렸다. 통장이 묶이고 카드 사용이 제한되며 자동이체가 중단되자 일상조차 힘들어졌다. 전기, 수도, 가스 요금이 밀려 서비스 제한 경고를 받거나, 휴대전화가 일시 정지되기도 했다. 단순한 불편을 넘어 정보 접근과 사회적 연결마저 끊길 위기였다. 여러 문제가 동시에 터지니 현금흐름을 제대로 파악하지 못했고, 무엇을 먼저 해결해야 할지 알 수 없었다. 신용이 악화됐고, 은행 대출 연체는 경매 압박으로 번졌다. 결국 은행으로부터 경매 절차가 진행된다는 통보를 받았다. 건물은 내 소유였지만 은행 이자를 내지 못한 순간부터 사실상 내 것이 아니었다. 은행 근저당 후순위로 각종 가압류가 등록되며 금액은 눈덩이처럼 불어났다.

부모님께 상황을 어떻게 말씀드려야 할지 고민했다. 사실대로 말하자니 걱정을 끼칠 것 같고, 숨기자니 언젠가 왜곡되어 전해질 게 분명했다. 결국 사정이 너무 어렵다고 있는 그대로 말씀드리는 것이 낫다고 판단했다. 큰 위기임을 직감한 어머니께서는 힘들게 모은 전 재산 수천만 원을 빌려주셨다. 사업의 붕괴는 내 삶의 가장 가까운 가족까지 깊숙이 파고들었다.

계획된 파업과 집단 고소

나는 운영자금이 중요한 것을 알고 있었기에, 종합병원을 개원할 때 쓰려고 미리 최선을 다해 자금을 구했다. 하지만 비밀리에 운영자금을 확보할 때마다 건설회사가 귀신같이 알아내고 가로챘다. 근거 없이 추가 건축비를 요구했고, 내가 부당함을 따지면 공사를 중단하겠다고 협박했다. 건축계약서를 들이대도 소용없었다. 건설회사가 먼저 파산할 테니 알아서 하라고 위협했다.

건축할 때 건설회사와 회의를 자주 했는데, 내 편이라 믿었던 사람들이 터무니없는 건축비 인상에도 침묵하거나 오히려 건설회사 편을 들었다. 돌이켜 보니 돈이 생길 때마다 건설회사가 뜯어 간 것이 우연이 아니었다. 모두가 한통속이었다.

온갖 방해에도 불구하고 결국 건물은 준공했다. 문제가 터질 것에 대비해서 2중, 3중으로 안전장치를 해 놓았기 때문에 가능했다. 병원을 개원했지만, 운영자금을 너무 많이 빼앗겨 추가 대출 없이는 파산이 시간 문제였다.

　기적처럼 대출이 되어 너무 기뻤다. 하지만 자금이 들어오기 이틀 전에 파업이 일어났다. 절묘한 타이밍이었다. 병원 문을 닫게 된 직접적 계기가 된 이 파업은, 요구사항도 예고도 없는 이상한 파업이기도 했다. 원무과와 병동 간호사들의 파업이 시작되면서 환자 접수와 입원 진료가 중단됐고, 병원은 사실상 운영을 멈췄다. 어느 날 아침, 예고 없이 벌어진 일이었다. 원무과 직원들은 진료 접수를 거부한 채 식당에 모여 있었고, 병동 간호사들은 의사 지시 없이 환자들을 퇴원시키고 있었다. 병원이 멈추면 직원들에게도 손해인데, 도저히 이해할 수 없는 광경이었다.

　알고 보니 그 파업은 단순한 체불 임금 문제가 아니었다. 측근을 통해 알게 된 사실인데, 직원들에게 황당한 소문이 퍼져 있었다. "이 병원은 어차피 망한다. 늦게 망하면 경매로 갈 수밖에 없고, 6개월에서 2년간 병원이 멈춰야 한다. 그럼 직원들은 모두 직장을 잃게 된다. 하지만 빨리 문을 닫으면 부유한 인수자가 나타나 모든 문제를 즉시 해결하고 월급도 올려 준다."라는 것이었다. 직원들을 선동하기 위해 만든 달콤한 약속이었다. 외부 세력의 개입과 일부 간부들의 동조가 있었다는 정황도 포착됐다. 허황된 주장이었지만 군중 심리는 이성적 판단을 마비시켰다. 결국 병원 운영은 하루아침에 멈췄다. 며칠만 더 있으면 은행에서 추가 자금을 빌려주기로 되어 있었다. 파업 이후 직원들은 속았다는 사실을 깨달았다. 대부분은 다른 직장을 찾아 떠났고, 갈 곳이 없던 일부만 5개월 동안 무급으로 버티다가 복귀했다.

파업으로 병원이 멈춘 지 2주쯤 지났을 때, 직원들이 나를 형사 고소하는 데 필요한 서류를 요구했다. 나는 묵묵히 전부 발급해 주었다. 200명이 넘는 직원 중 극소수를 제외하고는 모두 나를 고소했다. 당시 체불 임금은 한 달 반 정도였다. 병원이 부도 나서 경매에 가도 법적으로 3개월분까지는 최우선 변제 대상이었기에 밀린 월급은 보장되어 있었다. 병원 운영 기간이 1년 미만이어서 퇴직금도 없었다. 그럼에도 누군가가 '형사 고소를 해야 빠르고 확실하게 받을 수 있다'고 선동한 말에 다들 넘어간 것이다. 평소 친하게 지내던 사람들도 거의 다 고소에 참여했다는 사실에 충격을 받았지만, 임금을 주지 못한 것은 법적으로 내 잘못이고 그들의 생계가 걸린 문제였기에 이해했다.

개원 초기에는 사정이 어려워 급여가 밀리는 병원이 꽤 있다. 그래도 파업까지 가는 경우는 거의 없다. 돈을 고의로 안 주는 게 아닌 이상 직원들도 참고 버틴다. 우리 병원의 파업은 달랐다. 누군가 병원이 강제로 문닫도록 계획적으로 추진한 것이 분명했다. 직원들이 얻을 것이 아무것도 없었기 때문이다. 파업으로 대출이 무산된 이상 파산은 피할 수 없었다. 하지만 너무 분했다. 살아날 수도 있는 병원을 이렇게 만든 자들이 병원을 쉽게 집어삼키지 못하도록 끝까지 버티기로 했다. 이것이 내가 포기하거나 도망가지 않은 첫 번째 이유였다.

실패를 마주해야 다음 기회가 있다

위기가 닥치면 가장 먼저 떠오르는 선택은 회피이다. 은행이나 채권자와의 불편한 약속을 미루거나 취소하게 된다. 나 역시 그런 적이 있었다. 겉으로는 단순한 일정 조정이라는 핑계를 대지만, 실제로는 책임을 피하는 행동일 뿐이다.

전화를 꺼 두면 처음에는 조금 편안할 수도 있다. 전화벨이 울리지 않으니 가슴이 덜 두근거리고, 채권자의 목소리를 듣지 않으니 마음도 잠시 평온해진다. 그러나 그것은 일시적 도피일 뿐이다. 해결하지 못한 문제들은 곧 더 큰 부담이 되어 돌아온다.

계속 피하다 보면 생각까지 왜곡된다. 모두가 나를 피한다고 여기지만, 실제로는 내가 먼저 거리를 둔 경우가 많다. 사업이 망해 마음이 힘들어지면 메시지에 답하지 않고, 시선을 피하고, 대화를 하지 않는다. 그렇게 스스로 관계를 끊어 간다. 가끔은 단순히 연락이 늦었을 뿐인데도 상대는 회피한다고 느낀다. 작은 오해들이 쌓여 결국 사이가 멀어진다.

내가 피하지 않았는데도 연락이 줄어드는 경우도 있다. 사정이 어렵다는 소문이 돌면 친한 사람도 거리를 둔다. 돈을 빌려달라고 할까 봐 먼저 떠나는 사람도 많다. 돈 문제가 아니어도 사람들은 나를 피한다. 위로하자니 어색하고 모른 척하자니 미안해서, 차라리 피하는 것이다. 이유가 무엇이든 사람들의 침묵은 실패한 사람을 더 외롭게 만든다.

가장 힘든 순간 곁에 남는 사람은 극소수다. 대부분은 조용히 떠난다. 그때 찾아오는 고독은 온몸을 짓누른다. 진짜 친구는 소수면 충분하다는 걸 뼈저리게 깨달았다. 도움을 바라지도 않았는데, 정말 가까웠던 이들마저 등을 돌렸다.

완전히 고립되자 일상도 무너졌다. 외출이 줄고, 하루 대부분을 침대에서 보냈다. 창밖의 계절은 바뀌어도 나는 멈춰 있었다. 휴대폰 화면만 들여다보며 뉴스와 영상을 흘려보냈다. 너무 복잡하게 얽혀 버린 상황이어서 아무리 고민해도 좋은 해결책은 찾기 어려웠다. 이미 엎질러진 물이었다. 노력해 볼 수는 있었지만, 뭘 한다 해도 크게 의미가 없어 보였다. 실행력은 완전히 사라졌다. 병원은 이미 문을 닫았고 사업도 무너진 상태였다. 연락을 받기가 너무 싫었고 내가 해 줄 수 있는 것이 없어서 의미가 없다고 생각했다. 하지만 연락을 계속 피하면 단순한 연체로 끝나지 않는다. 회피는 치명적인 대가를 남긴다. 채권자가 법원에 지급명령을 신청하거나 손해배상 소송을 낸다. 개인사업자라면 사기 혐의로, 법인이라면 배임이나 횡령 혐의로 형사 재판으로 갈

사업의 90%는 실패한다

수 있다. 위기 상황에서는 실수와 누락이 많아진다. 법적으로 불리하기에 사기 전과가 남을 수도 있다. 연체가 쌓여 신용불량자가 되면 금융 이용에 각종 제한이 따른다.

망할 때 불성실했다는 소문이 나면 나중에 아무도 나와 거래하려 하지 않는다. 채권자의 연락을 피한 대가는 재기 자체를 불가능하게 만든다. 이런 위험을 줄이려면 피하지 말고 마주해야 한다. 내가 피해를 입힌 사람에게 직접 상황을 설명하고 협의하는 것과, 아무 연락 없이 법정에서 마주하는 것은 전혀 다른 결과를 낳는다. 법정은 사정을 참작하긴 하지만 사실 관계를 더 중요하게 본다. 무조건 소송은 피하는 것이 좋다. 변호인 선임과 자료 준비에 막대한 시간과 비용이 든다.

반면 사실에 근거한 성의 있는 답변을 하면 상황은 달라진다. "지금은 변제 여력이 없지만, 다음 달 말까지 일정 부분을 지급하겠다." "현재 어떤 노력을 하고 있다." 구체적 일정과 범위를 제시하면 상대방이 바로 소송으로 넘어갈 가능성은 줄어든다. 완전히 망했을 때는 어차피 못 받을 것을 알기에 채무자가 진심으로 미안해하면 형사고소까지 하지는 않는다. 상대를 화나지 않게 하는 방법은 완벽한 해결이 아니라 도망치지 않고 책임지려는 최소한의 신뢰다.

아무리 힘들어도 도망가는 것은 해답이 아니다. 내가 운영하던 병원이 망한다면, 나로 인해 고통받는 사람이 많다. 충분히 사과해야 하고, 상황이 이렇게 된 것에 대해 뻔뻔하게 굴어서는 안 된다. 사업 실패에는 운과 구조적 요인이 크지만, 내 책임도 있음을 인정하고 미안한 마음을 가져야 한다. 그래야 다음 기회를 얻을 수 있다. 겉으로만 버티고 진정한 반성이 없으면 결국 고립되고, 혼자서는 감당하기 어렵다. 나는 다행히 회피하지 않았다. 모든 채권자를 직접 만나 상황을 설명하고, 가능한 대응 방안을 제시했다. 당시에는 왜 도망치지 않아야 하는지 분명히 알지 못했다. 다만 나를 믿고 거래해 준 사람들에 대한 최소한의 도리라고 생각했다. 시간이 지나고 보니 그 선택이 내게 큰 자산이 됐다.

내 태도를 높이 평가한 업체들은 훗날 지금의 병원을 시작할 때 담보도 이자도 없이 장기 할부로 고가 장비를 제공해 주었다. 업계에서 보기 드문 일이었다. 어려울 때 끝까지 책임지는 모습은 "위기에서 도망치지 않는 사람"이라는 평판으로 남았다. 위기 때 쌓은 신뢰가 전화위복이 되어 코로나 팬데믹과 그 이후의 불황에도 병원을 지킬 수 있었다.

위기는 누구에게나 온다. 하지만 그 앞에서 잠시 숨을 고르는 것과 완전히 도망치는 것은 다르다. 피하지 않고 책임진 경험은 결국 다음 기회에서 더 큰 자산이 된다. 그 신용이 다음 길을 열어 주기 때문이다. 실패는 피할 수 없다. 그렇기에 책임감 있게 실패를 감당해야 한다. 도망칠지 맞설지는 결국 각자의 선택이다.

완전히 쓰러진 뒤,
회복의 첫걸음을 딛다

병원 문을 닫은 뒤 몇 달 동안 나는 완전히 에너지가 고갈된 상태였다. 단순한 피로나 기력 저하가 아니었다. 정신이 방향을 잃고 마음이 공허해지자 몸은 껍데기 같았다. 계속 어지러워 하루 대부분을 소파나 환자 침대에 누워 지냈다. 담배 연기가 방 안을 뿌옇게 메워도 창문을 열지 않았다. 하루의 시간은 탁하고 무거운 공기 속에서 천천히 흘러가다 멈추고, 다시 빠르게 스쳐 갔다.

배고픔이 느껴지지 않아 식사를 거의 거르곤 했다. 그래도 엎어진 병원 뒤처리를 해야 했기에 뭐라도 먹어야 했다. 끝까지 남아서 마무리하는 것이 나를 믿고 거래했던 사람들에 대한 예의라고 생각했다. 돈도 없고 밖에 나가지 않았기에 먹을 것은 병원 안에서 해결해야 했다. 구내식당에 남은 쌀과 라면으로 끼니를 때웠다. 그마저도 손이 가지 않아 물 몇 모금이나 라면 몇 젓가락으로 버틴 날이 많았다. 몇 달이 그렇게 지나갔다.

시간 감각이 완전히 사라졌다. 지금이 몇 시인지, 오늘이 며칠인지, 무슨 요일인지도 중요하지 않았다. 하루하루가 붙어 버려 긴 터널처럼 이어졌다. 나중에 돌아보면 특별히 기억나는 장면조차 없었다. 해야 할 일은 분명 있었지만, 그것을 처리할 의지도 기력도 사라져 있었다.

습관처럼 담배에 불을 붙이고 연기가 천장으로 퍼져 가는 것을 무심히 바라봤다. 낮에도 방 안 공기는 무겁고 끈적하며 답답했다. 힘이 온몸에서 빠져나갔고, 빛과 소리, 맛과 냄새 같은 감각은 무뎌져 갔다. 살아 있는 건지 죽은 건지도 알 수 없었다.

아무것도 하지 않고 있을 수는 없었다. 몸과 마음이 무너진 상태에서도 당장 처리해야 할 일들이 있었다. 은행이자 독촉장, 끝없이 날아오는 내용증명, 법원 소장, 각종 고지서와 압류 통지서가 책상과 서랍, 탁자 위에 쌓여 있었다. 서류마다 '법적 조치', '강제집행', '형사고발' 같은 무서운 단어들이 가득했다. 무엇부터 손대야 할지 막막했지만, 기한이 임박한 것, 법적으로 대응이 필요한 것부터 하나씩 꺼내 들었다. 할 수 있는 것은 성실히 답변했고, 대응이 필요한 것은 최대한 처리했으며, 어쩔 수 없는 것은 진심으로 사과했다.

이자가 계속 연체되면 경매 절차는 불가피했기에, 은행에 여러 번 직접 찾아갔다. 대출 규모가 100억 원을 넘었던 터라 은행도 상황을 정확히 파악하려 했다. 은행 회의실의 분위기는 겉으로는 화기애애했지만, 차갑고 무거웠다. 은행 지점장을 포함한 직원들도 농담을 하며 애써 대범한 척했으나 속은 답답해 보였다. 담당자가 서류를 검토하며 현황

   사업의 90%는 실패한다

을 설명했다. 지점장과 이런저런 대책을 논의했지만 뚜렷한 방안은 없었다. 회의 마지막에는 늘 같은 질문이 나왔다. "추가 담보는 없으신가요? 부모님 땅이나 건물 같은 자산은 없으십니까?" 그 질문을 들을 때마다 목이 메이고 가슴이 철렁했다. "아무것도 없습니다." 나는 늘 같은 대답을 할 수밖에 없었다. "이미 모든 것을 사업에 쏟아부었고, 부모님은 원래 가난하셔서 담보로 제공할 것이 없습니다."

은행은 추가 담보가 없다면 경매 절차를 진행할 수밖에 없다고 했다. 나는 그때마다 조금만 기다려 달라고 설득했다. "경매로 가면 절차가 아무리 빨라도 개시까지 6개월 이상, 낙찰까지는 1~2년이 걸립니다. 은행과 채권자, 저 모두에게 손해입니다. 그 전에 매각이나 투자자 유치 등 다른 방법으로 해결하는 것이 서로에게 이익입니다. 최대한 노력하고 있고, 실제로 여러 방안을 추진 중입니다."

경매는 절차가 길고 실제 회수액도 적을 수밖에 없었다. 그래서 어떻게든 경매 전에 매각이나 인수로 문제를 풀고자 했다. 채권자에게 양해를 구하면서 투자자와 인수 희망자를 찾아다녔다. 관심을 보인 이들과는 직접 만나 상황을 설명했고, 그 경과를 은행과 채권자에게 보고했다. 그러나 투자자 면담 자리에는 사기꾼으로 의심되는 이들도 적지 않았다. 시간은 흐르는데 제대로 된 투자자는 나타나지 않아 마음이 조급했다.

매각이 확정되기 전까지는 살아야겠다는 의지조차 잘 생기지 않았다. 하루하루 버티는 게 전부였다. 그러나 새로운 투자자가 나타나면서 상황은 달라졌다. 경영권이 안전하게 넘어가자 비로소 나 자신을 조금씩 추스를 여유가 생겼다. '아직 살아 있구나'라는 생각이 들었다.

그 후로는 시간과 상황에 끌려다니는 것에서 벗어나 조금씩 주도적으로 움직였다. 낮에는 억지로라도 깨어 있으려 했고, 밤에는 잠들려고 노력했다. 하루 한 끼라도 챙겨 먹었고, 가끔은 30분 정도 산책하며 몸을 움직였다.

가장 힘들었던 그때 곁을 지켜 준 친구가 있다. 전혀 모르던 사람이었는데 어느 순간 나타나 끝까지 함께해 주었다. 이 친구는 우리나라 명문 법대 출신으로, 실무 경험이 풍부했고 위기를 여러 번 겪어 본 인물이었다. 병원 운영이 불가능해지자 각종 압박이 몰려왔다. 버거운 일들에 갈팡질팡하던 나에게 그는 우선순위를 명확히 짚어 주었다. "소송은 무조건 바로 대응해야 돼. 내용증명은 대응할 필요 없이 알고만 있으면 돼. 지금 너도 너무 힘드니까 꼭 해야 하는 것만 하고 나머지는 무시해." 그는 해야 할 일과 하지 말아야 할 일을 분명히 짚어 주며 격려도 잊지 않았다. "힘들어도 절대 도망가면 안 돼. 이를 악물고 버텨. 내가 같이 있어 주고 도와줄게. 편법이나 불법에 손대면 나중엔 감옥까지 갈 수 있어. 그러면 평생 다시는 양지로 못 나온다. 기본적인 예의와 양심은 절대 포기하지 마. 나중에 사람들이 널 평가하는 기준이 된다. 넌 능력이 있으니 다시 시작할 수 있어."

법을 몰라 무엇이 급한 일인지 분간하기 어려웠다. 그러나 그의 진심 어린 조언에 기대어 하나씩 처리했다. 완전히 고립되어 있던 내게 그

   사업의 90%는 실패한다

는 유일한 버팀목이 되었다. 그의 직설적인 조언은 내 머릿속을 정리해 주는 기준이 되었다. 그는 법률 조언뿐 아니라 마음을 다잡는 법과 한정된 힘을 어디에 집중해야 하는지도 알려 주었다.

그 친구가 내 평생의 은인이 된 계기는 특별했다. 사실 그는 처음에는 나를 무너뜨리려는 세력이 용병으로 고용한 인물이었다. 하지만 친구는 양심이 살아 있는 올곧은 사람이었다. 병원 현황 조사 과정 중에 선량한 사람을 공격하러 왔다는 사실을 깨닫자 아무 대가 없이 내 편이 되었다. 세상에 이런 일이 또 있을까 싶었다. 기적이었다.

돌아보면 재기의 시작은 거창하지 않았다. 드라마 같은 반전도 없었고, 어느 날 갑자기 살 만해지지도 않았다. 뇌출혈 환자가 재활하듯 천천히 회복했다. 하루 한 끼를 챙겨 먹고, 잠시 걷고, 꼭 필요한 전화를 걸고, 채권자와의 대면을 미루지 않았다. 사소하더라도 '오늘도 해냈다'는 감각을 되찾는 것이 핵심이었다. 하루를 살아낼 수 있게 되자 다음 하루도 살아낼 수 있다는 생각이 들었다. 잃었던 자신감이 돌아왔다. 오늘 할 수 있는 일을 내일도 계속해 나가는 꾸준함, 그것이 망가진 삶을 되살렸다.

2장

사업은 원래 실패가 기본값이다

대부분은 실패를 우연한 불운으로 여긴다. 준비가 부족하거나 판단을 잘못한 사람들만 실패한다고 생각한다. 하지만 현실은 정반대다. 실패는 소수가 아니라 다수가 겪는 당연한 과정이며, 살아남는 쪽이 오히려 예외다.

신규 진입자가 뛰어들려는 시장에는 이미 자리를 굳힌 업체들이 버티고 있다. 오랫동안 경험을 쌓고 특별한 노하우를 갖춘 회사들이 있다. 선배 기업들의 생존력은 강력하며 시장의 흐름과 고객 성향까지 꿰뚫고 있다. 틈새를 찾기가 쉽지 않다. 초보 창업자는 시장을 선점한 기존 기업과 정면으로 부딪쳐야 하며, 어떻게든 시장에 비집고 들어가야 한다. 출발선부터 숨이 막히는 고된 도전이다.

창업 기업 중 10년 뒤까지 살아남는 곳은 10곳 중 1곳이다. 이 냉정한 통계는 누구에게나 예외 없이 적용된다. 소수의 성공 뒤에는 수많은 폐업과 퇴출이 소리 없이 계속된다.

실패를 양산하는 자본주의의 구조

자본주의는 무한한 기회를 제공하는 완벽한 시스템처럼 보인다. 누구나 창업할 수 있고, 소비자는 원하는 것을 자유롭게 선택할 수 있다. 이 자유야말로 자본주의의 가장 큰 매력이다. 그러나 진입이 쉬운 만큼 퇴출도 빈번하다. 퇴출은 자발적 퇴장이 아니라, 시장이 내리는 '강제 명령'인 경우가 많다.

시장 진입 문턱은 낮다. 아이디어와 일정한 자본만 있으면 누구나 시작할 수 있다. 하지만 진입 장벽이 낮다는 것은 경쟁자가 순식간에 늘어난다는 뜻이다. 초기에는 경쟁이 덜하고 새로운 수요가 생겨 높은 수익을 누릴 수 있다. 그러나 이런 호황은 오래가지 못한다. 높은 수익률은 곧 새로운 경쟁자를 불러들이고, 진입 장벽이 낮은 업종일수록 더 빨리 포화된다. 대표적으로 커피숍, PC방, 마라탕, 탕후루 같은 업종이 빠르게 레드오션으로 변했다.

경쟁자가 늘면 기존 사업자는 가격을 낮추거나 품질을 높이고, 더 나은 서비스를 제공해야 한다. 소비자는 더 나은 조건을 찾아 즉시 이동한다. 어제까지 독보적이던 사업체가 하루아침에 수많은 경쟁자 중 하나로 전락한다.

매력적인 사업에는 필연적으로 '공급 과잉'이 발생한다. 수요는 한정돼 있는데 공급은 기하급수적으로 늘어난다. 시장에 제품과 서비스가 넘치면 가격 경쟁이 시작된다. 초반에는 점유율 확보를 위해 감수했던 가격 인하가 시간이 지나면 곧 '새로운 표준 가격'이 된다. 결국 이익률은 줄고, 수익을 낼 수 있는 기간은 점점 짧아진다. 마진이 높고 경쟁자가 많을수록 그 기간은 더 단축된다.

자본주의 시장은 주기적인 구조조정을 통해 효율성을 유지한다. 공급 과잉은 가격 하락과 수익성 악화를 거쳐 결국 약한 사업자들을 퇴출시킨다. 겉으로는 잔혹해 보이지만, 이 과정을 거쳐야 생존한 사업자가 수익성을 회복하고 한정된 자원이 더 생산적인 곳으로 재배치된다. 퇴출이 제대로 이루어지지 않으면 비효율이 쌓여 시장 전체가 정체하거나 붕괴한다.

이 구조는 개인 사업자에게 특히 가혹하다. 정보와 자본이 부족하기에 취약할 수밖에 없다. 열정과 노력만으로는 넘기 힘든 벽이 있다. 아무리 큰 업체라도 경기 침체, 금리 인상, 원자재 급등, 규제 변화 같은 외부 변수는 바꿀 수 없다. 기업은 언제나 위험에 노출돼 있으며, 같은 업종에서 비슷한 역량을 갖고 있어도 어떤 경기 국면에 놓여 있는지에 따라 성패가 갈린다. 특히 경기 수축기에는 대출 회수와 소비 위축이

겹쳐 어떤 시도를 해도 버티기 어렵다. 충분한 자원과 대비가 부족한 사업은 금세 흔들린다.

OECD 통계에서도 같은 경향이 나타난다. 창업 기업의 절반 이상이 5년을 버티지 못하고, 10년 이상 생존하는 기업은 10%에 불과하다. 이 것은 우리나라만의 문제도, 개별 사업자의 무능함도 아니다. 자본주의 경제 자체가 높은 탈락률을 전제로 작동한다.

병원을 경영하면서 나는 이런 냉혹한 현실을 직접 체감했다. 개원 초 기에는 인근에 경쟁 병원이 거의 없어 안정적인 매출을 유지할 수 있었 다. 그러나 몇 년이 지나자 비슷한 규모와 진료 과목을 가진 병원이 잇 달아 들어섰다. 환자가 분산되자 만회하려고 애쓰다 보니 장비 투자, 마케팅, 인건비는 늘었지만 매출은 오히려 줄었다. '열심히 하기만 하 면 된다'는 생각은 환상에 불과했다. 의료 시장 역시 점점 생존을 어렵 게 만드는 환경으로 변하고 있었다.

사업 실패는 예외가 아니라 오히려 더 흔한 일이다. 중요한 건 그 현 실을 얼마나 빨리 인정하느냐다. 실패를 무조건 피해야 할 대상이 아 닌 관리해야 할 대상으로 받아들이는 순간 시각이 바뀐다. 그때부터는 무력하게 쓰러지는 사람이 아니라, 전략적으로 재기하는 생존자가 된 다. 따라서 실패 가능성을 철저히 인지하고 대비해야 한다. 그것이 장 기 생존을 위한 유일한 방법이다.

돈의 흐름이 막히는 순간,
사업은 무너진다

사업에서 가장 위험한 요소는 현금 관리다. 사업이 실패하는 이유가 단순히 실력 부족 때문만은 아니다. 현금의 유입과 지출을 잘못 관리하기만 해도 사업은 쉽게 무너진다. 현금 흐름은 단순히 통장 잔고만으로는 파악할 수 없다. 장부를 넘어 전체의 상태까지 고려해야 한다. 돈은 들어오고, 나가고, 다시 돌아오며 순환을 이룬다. 이 과정이 막히면 장부상 흑자를 기록하고 있어도, 어느 날 갑자기 현금이 부족해 지급을 못 하는 상황에 처할 수 있다. 자본주의 경제는 팽창기와 수축기가 주기적으로 반복된다. 돈의 흐름도 이 주기에 따라 바뀐다. 사업자는 이 변화를 예측하고 대비해야 한다. 자금경색이 오면 이미 늦다.

경제가 팽창기에 들어서면 시장 분위기는 달라진다. 은행 대출은 쉬워지고 신용은 빠르게 확대된다. 주식과 부동산 가격이 오르면서 사람들은 자신이 부자가 된 듯 착각한다. 자산이 늘었다는 안도감과 미래에 대한 낙관이 겹치면 지출이 크게 늘어난다. 매장에서는 고가 제품이 잘 팔리고, 관광과 레저 산업이 활성화된다. 병원에도 환자가 늘고, 부동산 거래와 각종 계약이 잇달아 성사된다. 주문이 쇄도하면 사업자는 이제 궤도에 올랐다고 확신한다. 매출이 증가할수록 곧 큰 부를 얻을 수 있을 것처럼 보이고, 자연스럽게 확장을 생각하게 된다.

나 역시 그런 시기를 겪었다. 주변에서는 지금이 기회라며 더 큰 병원으로 확장하라고 권했다. 당시에는 대출로 자금 조달을 쉽게 할 수 있어서 나도 마음이 흔들렸다. 지금이 아니면 종합병원은 영영 기회가 없을 것 같았다. 결국 과도한 대출을 받아 내 능력을 넘어서는 확장을 했다. 조급함에 이성을 잃은 것이 나를 무너뜨린 가장 큰 원인이었다.

사업에서 경제 상황은 결정적이다. 그런데 경제는 늘 변한다. 호황과 불황을 반복하며 전환점을 맞는다. 팽창기가 정점에 달할 때 수축기는 어김없이 찾아온다. 대출 금리는 오르고 은행은 자금을 회수하기 시작한다. 신규 대출은 까다로워지고 연장도 거부된다. 소비자는 불안감에 지갑을 닫는다. 거품처럼 부풀었던 집값과 주가가 급락한다. 팽창기에 늘린 임대료, 인건비, 부채 이자는 그대로 남아 있지만 매출은 줄어든다. 현금흐름은 급격히 악화되어 계좌 잔고가 고갈된다.

어려운 시기가 되면 거래처도 어려워져 약속했던 돈은 늦게 들어오고, 카드 매출 입금만을 기다리게 된다. 창고에는 팔리지 않는 재고가 쌓이고 신규 계약은 끊긴다. 다음 달 지급할 금액은 많은데 수입은 적어 수지가 맞지 않는다. 특히 무리하게 확장한 사업일수록 그 충격은 더 크다. 조금만 버티면 나아질 거라 기대하지만, 이미 재무 구조가 붕괴된 경우가 많다.

이 변화는 알아채기 어려울 정도로 서서히 오는 것 같지만 실제로는 빠르게 진행된다. 마치 조금씩 빠지던 바닷물이 갑자기 썰물로 변하는 것과 같다. 문제는 언제 썰물이 시작될지 아무도 모른다는 것이다. 사업을 시작하기 전에는 흐름을 정확히 읽기 어렵고, 일단 시작하고 나면 그 흐름을 바꿀 수는 없다. 같은 실력과 전략을 갖추고 있어도 호황기에 사업을 시작했는지, 침체기에 시작했는지, 언제 확장을 단행했는지에 따라 결과는 달라진다. 잘되던 음식점도 코로나19가 시작되자 폐업할 수밖에 없었던 것과 같다. 경제의 흐름에 따라 내 사업의 성패는 순식간에 바뀔 수 있다.

흐름이 언제든 바뀔 수 있다는 것을 알면 호황일수록 속도를 늦춰야 한다. 매출이 늘어도 비용과 부채를 함부로 늘리지 않고, 최소 6개월에서 1년치 운전자금을 확보해야 한다. 최악의 상황을 가정하고 대비책을 미리 마련해야 한다. 위기가 오기 전에 축소할 부문, 매각할 자산, 종료할 계약을 마음속에 정해 둬야 한다.

나는 종합병원 실패 이후 이런 원칙들을 지키기로 마음먹었다. 주변에서 확장을 권해도 내가 정한 안전 기준에 맞지 않으면 섣불리 움직이지 않았다. 팽창기의 낙관적 분위기 속에서도 의도적으로 한 발 물러서서 경기 악화에 대비했다. 그 덕분에 경기 하락기에도 최소한의 손실로 버틸 수 있었다.

호황과 불황이 언제 전환될지는 아무도 모른다. 변화를 예측할 수 없

 사업의 90%는 실패한다

다는 사실을 받아들이고 상황에 따라 유연하게 대응해야 한다. 그것이 사업을 오래 살아남게 하는 가장 현실적인 방법이다. 이 교훈은 탁상공론이나 남의 이야기가 아니라, 직접 겪으며 얻은 값비싼 경험이다.

개인의 실패는
시장을 더 건강하게 만든다

사업이 무너진 직후 강한 충격이 밀려온다. 수년간 쌓아 온 노력과 자본, 신뢰가 한순간에 사라진다. 남는 것은 빚과 상실감, 자책과 불안 뿐이다. 가까웠던 관계마저 흔들리고, 다시 일어설 수 있을지, 두려움만 깊어진다. 개인에게 실패란 단순한 사건이 아니라 삶의 의미와 자존감을 뿌리째 흔드는 재앙이다.

그러나 시야를 넓혀 시장 전체를 보면 전혀 다른 풍경이 펼쳐진다. 자본주의는 비효율적 사업을 도태해서 구조를 조정하고, 자원을 재배치하며, 효율을 회복한다. 사업의 실패는 개인에게는 비극이지만, 시장에는 회복과 순환의 출발점이다.

경제는 살아 숨 쉬는 생태계와 비슷하다. 한쪽에 자원과 기회가 과도하게 집중되면 다른 쪽은 필연적으로 고갈된다. 경쟁력을 잃은 사업, 기술 변화에 뒤처진 서비스, 수요가 줄어든 상품은 결국 시장에서 퇴출된다. 그렇게 빠져나온 자원과 인력, 자본, 시간은 더 높은 생산성을 낼

사업의 90%는 실패한다

수 있는 곳으로 이동한다. 시장은 끊임없이 자원을 재배치하며 균형을 되찾는다.

자연의 이치도 다르지 않다. 숲에서 병든 나무가 쓰러지면 그 자리를 비집고 들어온 햇빛이 새로운 생명을 틔운다. 사자에게 잡아먹히는 들소나 영양은 안타깝게 보이지만, 초식동물이 지나치게 늘어나면 초원이 황폐해진다. 생태계는 포식자와 피식자의 균형이 맞을 때 비로소 건강하게 유지된다. 약해진 개체가 사라져야 균형이 유지되고, 강한 개체가 그 자리를 이어받는다. 인간 사회의 경쟁은 자연의 법칙과 닮아 있다. 눈앞에서는 잔혹해 보이지만, 긴 시간으로 보면 그 혹독함이 전체를 지탱하는 힘이 된다.

사업의 실패는 개인에게는 비극이지만, 경제 전체에는 순기능도 남긴다. 경쟁력이 떨어진 사업이 사라지면 더 나은 사업이 성장할 길이 열린다. 소비자는 더 나은 품질과 합리적 가격을 누리게 된다. 한 업종에서 폐업이 잇따르면 '수익성이 낮다'는 신호로 작용하며, 무분별한 신규 진입이 줄어든다. 그 결과 불필요한 자원 낭비가 줄고 시장 효율은 높아진다.

역사를 돌아보면 거대한 혁신은 늘 기존 산업의 퇴장을 동반했다. 인터넷은 비디오 대여점을 사라지게 했고, 디지털 카메라는 필름 산업을 몰락시켰다. 스마트폰은 다시 디지털 카메라 시장을 집어삼켰다. 기술이 바뀌면 기존 사업자는 밀려나고, 새로운 기업이 자리를 대신한다. 시장은 이렇게 순환하며 스스로 진화해 왔다.

나 역시 그 순환의 흐름을 직접 겪었다. 병원이 문을 닫으면 지역에 의료 공백이 생길까 걱정했다. 인수한 운영자는 의술이 더 뛰어난 사람은 아니었지만, 자본의 힘으로 경영을 안정시켰다. 결과적으로 지역 사회의 의료 공백은 생기지 않았다. 나에게는 아픈 기억이지만, 시장의 관점에서 보면 자원의 재배치였다. 사회는 내 고통과 상관없이 그 빈자리를 채웠다. 나는 쓰러졌지만, 그 빈자리는 다른 누군가에게 기회가 되었다.

정작 당사자일 때는 이런 구조적 의미가 잘 보이지 않는다. 사회는 성공만 기록하고, 실패한 다수는 금세 잊힌다. 실패자는 무능하거나 게으른 사람으로 낙인찍힌다. 이 시선은 유능한 사람조차 다시 도전을 주저하게 만든다. 실패의 경험이 존중받지 못하면, 사회 전체의 잠재력 또한 줄어든다.

실리콘밸리의 투자자들이 창업자의 실패 경험을 높이 평가하는 이유도 여기에 있다. 실패를 겪은 사람은 위험 관리를 객관적으로 하고, 더 세밀하게 의사결정을 한다. 파산한 사람에게 낙인을 찍지 않고, 그 경험을 성장의 과정으로 보는 문화는 시장을 더 유연하고 강하게 만든다. 시장은 수많은 실패를 통해 새로워지고, 개인은 그 경험을 통해 단단해진다.

대다수가 파산한다는 사실은 자본주의의 결함이 아니라, 그 본질적 특징이다. 오히려 시장을 건강하게 유지시키는 원리다. 실패는 일어나서는 안 될 사건이 아니라 자본주의의 본질적 과정이다. 이 원리를 이

사업의 90%는 실패한다

해한 사람은 실패와 동시에 이미 다음 출발선에 서 있다. 파산을 피하는 데 온 힘을 쏟기보다, 새로운 사업을 준비하는 태도가 장기적 생존과 성공을 위한 가장 확실한 전략이다.

망할 수 있다는 전제로 시작해야 산다

사업은 거친 파도가 끊임없이 몰아치는 바다와 같다. 초보 선장이 배를 띄운다면 언제든 좌초할 가능성이 있다. 처음 출항하는데 배가 난파하면 함께 최후를 맞이하겠다는 생각은 잘못된 것이다. 실제로 시장에 뛰어든 대부분의 사업자는 결국 실패한다. 목표는 침몰을 피하는 것이 아니라, 난파하더라도 살아남는 것이다. 사업의 바다에는 매서운 바람과 거센 파도가 반드시 찾아온다. 이 현실을 인정할 때 진짜 준비가 시작된다.

살아남기 어려운 환경을 인정하는 순간, 사업을 보는 관점이 달라진다. 실패는 피해야 할 재앙이 아니라, 대비하고 관리해야 할 변수다. 따라서 질문도 달라져야 한다. '절대 망하지 않으려면?'이 아니라 '망했을 때 피해를 최소화하고, 얼마나 빨리 다시 시작할 것인가?'로 바뀐다. 관점이 달라지면 두려움은 줄고 행동은 구체적으로 바뀐다.

그러나 실제로 위기가 닥치면 그 속도와 압박은 예상보다 훨씬 크다.

매출은 줄고, 월급 지급은 빠듯해지고, 대출 상환일은 다가오며, 거래처의 신뢰마저 흔들리기 시작한다. 머릿속은 순식간에 최악의 시나리오로 뒤덮인다. "이 상황이 계속되면 망하는 것 아닌가?" "이번 달을 버티지 못하면 바로 부도인데?" "부도가 나면 내 평판이 한순간에 무너지는 건 아닐까?"

이런 질문이 이어지면 손실의 크기보다 인생 전체가 무너질 것 같은 압박감이 더 크게 다가온다. 감정이 이성을 가리면 좋은 결정을 미루고 대응의 순간을 놓친다.

이 두려움을 줄이는 가장 확실한 방법은 '사업은 실패가 기본값이다'라는 사실을 인정하는 것이다. 실패는 개인의 책임도 일부 있지만, 시장 구조의 불가피한 결과이기도 하다는 사실을 이해하면 위기 속에서도 덜 당황한다. 그때부터는 '절대 망하지 않을 방법' 같은 비현실적 발상이 아니라, '망할 가능성을 줄이려면 무엇을 준비해야 하는가? 만약 부도난다면 어떻게 빨리 재기할 것인가?'라는 질문으로 바뀐다. 질문이 바뀌면 답도 달라진다.

경제의 작동 원리를 이해한 사람은 반드시 방어 장치를 포함하여 사업을 설계한다. 매출이 늘어도 고정비를 일정 비율 이상 늘리지 않고, 최소 6개월치 운전자금을 확보하며, 철수 시점과 절차를 미리 계획해 둔다. 지진에 대비해 내진 설계를 하듯, 사업도 위기를 전제로 대비해야 한다.

현실을 제대로 보면 주변의 성공담에 휘둘리지 않는다. 언론과 SNS

에서 소개되는 대박 사례가 많아 보이지만 사실은 극소수이며, 그것도 특정 시점의 단면에 불과하다. 지속적인 성공으로 이어지지 않는 경우가 훨씬 더 많다. 실제 성공 확률을 모르면 그 장면을 평균으로 오해한다. 그러나 '대부분은 실패한다'는 사실을 알게 되면, 성공담은 참고 자료일 뿐 감정적으로 비교할 대상이 아니다.

목표의 기준도 달라진다. 단기적 성과보다 장기적 생존 가능성을 우선한다. 매출이 급등해도 속도를 제한하며, 새로운 투자는 회수 가능성부터 검토한다. 버티는 동안 시장이 변하고 경쟁자가 사라진다. 그 시간 속에서 경험이 쌓이고 역량이 강화되며, 결국 새로운 기회가 찾아온다. 결국 사업의 첫 번째 목표는 대박이 아니라 생존이다.

숫자를 대하는 태도도 달라진다. 영업현금흐름, 손익분기점, 부채 비율, 재고 회전일수, 인건비 비율 같은 핵심 지표를 정기적으로 점검하고, 위험 한계를 미리 정해 둔다. 지표가 악화되면 즉시 지출을 줄이고, 규모를 축소하며, 거래 조건을 재협상하는 등 즉각적인 행동으로 이어간다. 과거에는 두려움의 대상이던 숫자가 이제는 신속한 대응을 가능하게 하는 도구로 바뀐다.

사업의 90%는 실패한다

원칙은 위기를 이겨 내는 힘이다

원칙이 있는 사람과 없는 사람의 차이는 위기가 닥쳤을 때 분명해진다.

나 역시 첫 번째와 두 번째 병원이 무너지기 전까지는 '이번에는 다를 것이다'라는 근거 없는 확신으로 시작했다. 내 노력과 기술만을 믿고 물러설 곳 없는 선택을 했다. 경기가 좋을 때는 '지금이 아니면 안 된다'며 확장을 서둘렀다. 그러나 오래가지 못했다. 환경이 조금이라도 바뀌면 준비가 부족한 사업체는 버틸 수 없다.

세 번째 시도부터는 달라졌다. '실패가 기본값'이라는 생각을 전제로 시작하니, 계약을 맺을 때도 '계약이 무산되면 어떻게 대응할 것인가?'부터 고려했다.

실제로 지금의 병원을 인수할 때 양도하는 측에서 여러 계약 위반과 기만 행위가 있었다. 그러나 최악을 가정하고 시작했기에 그 모든 상황을 감당하며 인수를 마칠 수 있었다. 만약 대비가 없었다면 사소한 위반 하나만으로도 병원 인수는 무산됐을 것이다.

부채를 질 때도 상환 계획과 철수 시나리오를 함께 세웠다. 무엇보다 어느 시점에서 사업을 중단할지 미리 정해 두니, 위기 상황에서도 뚫고 나갈지 포기할지 즉각 선택할 수 있었다. 빠른 대응이 기업의 성패를 가르는 만큼, 작은 회사는 최대 강점인 신속한 의사결정을 미루지 말아야 한다.

서울의 한 소규모 음식점 이야기다. 영업이 가장 호황이던 시기에 2호점을 내기로 하고 계약서 서명을 앞두고 있었다. 매출이 크게 늘고 예약이 몰리자, 주변에서는 "지금이 확장할 때"라고 권했다. 하지만 그 사장은 달랐다. "무슨 일이 있어도 최소 석 달치 여유자금은 남겨 둔다."는 원칙이 있었다. 과거 무리한 확장으로 현금 흐름이 막히며 큰 어려움을 겪은 경험 때문이었다. 그때부터 여유자금 확보를 절대 원칙으로 삼았고, 이번에도 흔들림 없이 지켰다. 평소에도 매출이 늘어도 지출을 함부로 늘리지 않았으며, 확장보다 생존을 먼저 고려했다.

몇 달 뒤 금리 인상과 소비 위축, 식자재 가격 상승이 한꺼번에 닥쳤다. 확장을 감행했던 다른 가게들은 늘어난 임대료와 인건비를 감당하지 못해 고전했지만, 여유자금을 지킨 이 가게는 끝까지 운영을 이어갈 수 있었다. 비교적 한가한 시기에는 메뉴 개선과 서비스 교육에 투자할 수 있었고, 경기 회복기에는 오히려 더 탄탄하게 성장했다. 원칙에 따른 신중한 결정이 결국 지속 가능한 생존으로 이어졌다.

이 사례가 주는 교훈은 위기에서 버틸 힘을 어떻게 만들 것인가에 있다. 사업 구조를 이해하고 자신만의 규칙을 세워 끝까지 지켜야 한다. 수시로 바뀌는 외부 상황에 휘둘리면 안 된다.

나 역시 종합병원 증축을 단행했을 때 정부 정책이라는 외부 요인에 의존했다. 지금 돌이켜 보면 내 역량에 맞는 규모의 병원을 선택했어야 했다. 시장의 변덕을 이해하는 사람은 이런 변화를 단순한 위기가 아니라 순환 과정의 일부로 본다. 따라서 여유자금을 확보하고 퇴로를 설계하는 등 방어 장치를 충분히 마련해야 한다.

두려움은 알지 못하는 대상일수록 더 커진다. 사업의 성공과 실패 확률, 그리고 그 원리를 모르면 호황기에도 마음은 불안하고 불황이 오면 그 불안은 공포로 바뀐다. 거의 전부를 걸고 시작하는 것이 사업인데, 정작 너무 모르고 뛰어드는 경우가 많다.

그러나 실패 가능성이 높고 나도 언제든 망할 수 있다는 사실을 분명히 알고 있다면 다르다. 올바른 인식의 토대 위에서 세운 규칙을 끝까지 지키는 사람은 위기 속에서도 크게 흔들리지 않는다. 물론 두려움을 완전히 없앨 수는 없다. 수많은 경험을 거친 나도 여전히 두렵다. 그러나 이제는 공포에 마비되지는 않는다. 실패하더라도 훨씬 빨리 일어설 수 있다. 시장의 구조를 이해하고, 스스로 규칙을 세워 끝까지 지켜나가면 감정의 파도에 휩쓸리지 않는다.

3장

위험을 알면서도
창업에 도전하는 이유

대부분의 사업은 아무리 노력해도 성공하기가 쉽지 않다. 경쟁에서 살아남는 비율보다 시장에서 밀려나는 비율이 훨씬 높다. 사업 기반을 어느 정도 다져도 시장 진입 장벽이 낮기에, 더 똑똑하고 자본이 풍부한 경쟁자가 금세 나타난다. 경제는 팽창과 수축을 반복하며 사업 환경을 끊임없이 뒤흔든다. 이 구조 속에서 끝까지 살아남는 사업은 극소수다. 주변에서도 실패 사례를 쉽게 찾을 수 있다.

그럼에도 사람들은 여전히 창업을 택한다. 심지어 실패 후에도 곧 다시 시작하는 사람도 있다. 확률로 보면 무모한 선택인데, 사람들은 왜 창업을 선택할까?

이성보다 욕망과 편견이 더 크게 작용하기 때문이다. 누구나 '나만은 다르다'는 근거 없는 확신에 사로잡혀 경고와 데이터를 무시한다. 자유로운 삶, 명예, 돈이라는 보상은 위험에 대한 공포를 쉽게 무디게 만든다.

미디어와 SNS는 성공 사례를 집중적으로 부각한다. 그럴수록 더 많은 관심과 조회 수를 얻을 수 있기 때문이다. 결과적으로 사람들은 실패보다 성공의 이미지를 훨씬 더 자주, 더 선명하게 접한다. 성공의 이미지에 익숙해질수록 현실의 확률을 착각하게 된다.

창업을 택하는 이유에는 시장 논리나 구조적 요인뿐 아니라 개인의 심리 깊숙이 자리한 내면적 동기들도 작용한다. 그것을 들여다볼 때 비로소 우리가 왜 도전하는가를 이해할 수 있다. 진정한 성공은 실패의 두려움을 무릅쓰고 나아가는 사람에게 열린다.

 사업의 90%는 실패한다

성공에 대한 기대와 확신의 함정

사람들은 사업을 시작할 때 이번만큼은 반드시 성공할 것이라고 확신한다. 그런 확신은 이성적 판단보다는 본능적인 인간 심리에서 비롯된다. 사람은 불확실한 상황에서 스스로를 지키기 위해 객관적 근거가 부족해도 낙관적인 태도를 취한다. 자유로운 삶, 명예, 돈이라는 보상에 대한 기대가 그 심리를 더욱 강화하는 반면, 위험에 대한 경계심은 쉽게 약해진다.

이 믿음은 단순한 자만심에서 비롯된 것이 아니다. 심리학에서는 이 현상을 '낙관 편향'이라고 정의한다. 사람은 본능적으로 현재보다 미래를 더 긍정적으로 그린다. 불확실한 상황에서 새로운 시도를 하려면, 나쁜 결말보다 좋은 결말을 더 크게 상상해야 용기를 낼 수 있다. 미래를 긍정적으로 보는 성향은 극한 상황 속에서도 다양한 시도를 가능하게 하여, 결국 인류의 생존을 가능하게 한 본능이었다. 원시 시대 사냥꾼이 맹수를 향해 창을 던질 수 있었던 것도, 대항해 시대의 항해자가 미지의 바다로 나설 수 있었던 것도, '잘 될 것'이라는 낙관이 그들의 용기를 지탱했기 때문이다.

또 다른 이유로 창업에 뛰어드는 사람들도 있다. 명확히 설명하기는 어렵지만, 한곳에 머무르지 못하고 새로운 시도에 본능적으로 끌리는 사람들이다. 이들은 결과보다 도전의 과정에서 더 큰 의미와 즐거움을 느낀다. 머릿속에서 계획만 세우는 것보다, 직접 실행할 때 더 큰 에너지를 얻는다. 실패 가능성을 알면서도 머무르기보다 행동을 선택한다. 이런 도전 정신은 남들이 가지 않은 길을 여는 원동력이 되기도 하지만, 준비와 전략이 부족하면 큰 실패로 이어질 수도 있다.

문제는 이런 자신감과 도전 정신이 실제 창업 환경에서는 쉽게 과신으로 바뀐다는 점이다. 과거의 작은 성공 경험, 주변의 칭찬, SNS에서 받은 긍정적 반응은 자신감을 부풀린다. 예를 들어 취미로 만든 제품이 지인들에게 인기를 얻으면 전체 시장에서도 같은 반응이 나타날 것이라 생각한다. 온라인에서 받은 몇 번의 호평을 실제 수요로 오해하기도 한다. 그러나 시장에서 성공하려면 좋은 제품만으로는 충분하지 않다. 가격, 유통, 마케팅 전략, 경쟁 구도, 소비자의 구매 여력 등 수많은 조건이 동시에 맞물려야 한다. 이 복잡한 현실은 '내 제품은 다르다'는 확신에 가려 보이지 않는다.

나도 첫 개원 때 비슷한 실수를 저질렀다. 다른 병원에서 쌓은 경력과 환자들의 긍정적 반응을 근거로, 환자가 자연스럽게 찾아올 것이라 믿었다. 개원 초기 붐비는 대기실과 가득 찬 예약 명단은 그 믿음을 더

　　　　　　　　　　　　　　　　　　사업의 90%는 실패한다

욱 강화했다. 그러나 몇 년 뒤 인근에 경쟁 병원이 들어서면서 상황은 급변했다. 환자 수는 빠르게 줄었고, 개원 초반의 호조가 결코 장기적 안정을 보장하지 않는다는 사실을 뼈저리게 깨달았다. '환자가 알아서 온다'는 믿음이 얼마나 위험한 착각인지 절실히 깨달았다.

이런 과신은 준비와 실행을 잘못된 방향으로 이끌기 쉽다. 부정적인 가능성은 검토에서 빠지고, 사업 계획서에는 장밋빛 전망만 남는다. 경기 침체, 원자재 가격 상승, 인건비 증가 같은 불리한 변수는 '생각해서는 안 되는 일'처럼 뒤로 밀려난다. 위기 대응 계획은 세워지지 않고, 주변의 경고도 '가능성을 보지 못하는 사람들의 기우'로 치부된다.

실행 단계에서도 마찬가지다. 시장 반응이 기대에 미치지 못해도 조금만 더 버티면 된다는 생각으로 마케팅 비용과 고정비를 더 늘린다. 매출이 줄어드는데도 이번 행사만 성공하면 회복될 것이라는 기대로 재고를 더 쌓는다. 급기야 무리한 대출에만 의존하게 된다. 이렇게 잘못된 확신은 철수해야 할 시점을 놓치게 하고, 손실은 눈덩이처럼 불어난다.

기대와 확신은 창업의 중요한 동력이다. 그러나 그 힘이 맹목적 믿음으로 변하면 위험하다. 이 위험을 줄이려면 최악의 상황을 가정하고, 그 속에서도 최소 몇 달은 버틸 수 있는 자금과 운영 계획을 마련해야 한다. 초기의 긍정적 반응을 전체 시장의 반응으로 일반화하지 말고, 작은 실험과 검증을 통해 근거를 축적해야 한다. 불편한 질문을 던져 줄 사람이 필요하며, 정기적인 점검과 피드백이 이루어져야 한다.

무엇보다 현실을 차갑게 직시하는 태도가 필요하다. 그래야 막막할 때 멈추고 방향을 바꿀 수 있으며, 성공 확률은 높아진다.

사업의 90%는 실패한다

2절

미디어는 성공만 부각한다

창업을 준비하는 사람들은 가장 먼저 성공 사례를 찾아 분석한다. 인터넷에서 '성공'을 검색하면 기사와 인터뷰, 유튜브 영상이 끝없이 나온다. 화면 속 인물들은 화려한 매장을 배경으로 환하게 웃고, 자막에는 '첫해 매출 10억 원', '월 순이익 3천만 원' 같은 문구가 크게 강조된다.

강연장에서는 성공한 창업자가 비결을 전하고, 서점에는 '퇴사 1년 만에 나는 이렇게 성공했다'는 제목의 책들이 즐비하다. 뉴스와 SNS, 강연장과 서점까지 온통 성공담으로 채워져 있다.

이런 장면을 반복해서 보다 보면 '나도 할 수 있겠다'는 자신감이 스며든다. 그러나 우리가 접하는 성공 사례는 시장 전체로 보면 극히 일부에 불과하다. 현실에서는 실패가 훨씬 더 흔하다. 매출 부진으로 문을 닫은 가게, 부채만 남기고 사라진 회사, 몇 달도 버티지 못한 브랜드가 훨씬 많다. 하지만 이런 이야기는 뉴스나 SNS에 좀처럼 등장하지 않는다. 실패한 사람들은 조용히 시장에서 사라지고, 성공한 사람들만 자신의 경험을 적극적으로 알리기 때문이다.

심리학에서는 이 현상을 '생존자 편향'이라고 부른다. 살아남은 소수만 기록을 남기고, 실패한 대다수는 보이지 않기 때문에, 성공 확률이 실제보다 훨씬 높게 인식된다. 우리는 실패담을 접하기 어렵지만, 오히려 그 안에 더 중요한 교훈이 숨어 있다.

제2차 세계대전 당시 한 통계학자의 발견이 이 문제를 정확히 짚어낸다. 전투에서 돌아온 비행기의 탄흔이 많은 부위에 방탄판을 보강하려 했지만, 실제로 치명적이었던 곳은 오히려 탄흔이 없던 부위였다. 그 부위를 맞은 비행기는 아예 돌아오지 못했기 때문이다. 따라서 오히려 탄흔이 없던 곳에 방탄판을 보강해야 했다.

창업도 마찬가지다. 실패한 사람이 훨씬 많지만, 그들의 이야기는 대부분 기록되지 않는다. 지금 이 책도 예외는 아니다. 나 역시 재기에 성공했기에 이렇게 글을 쓰고 있을 뿐이다. 만약 완전히 실패한 채 다시 일어서지 못했다면, 여러분은 이 책을 볼 수 없었을 것이다. 따라서 눈에 보이는 성공 사례만 따라가지 말고, 기록에 남지 않은 실패의 흔적을 스스로 찾아 대비해야 한다.

SNS는 이런 착시를 더욱 강화한다. 인스타그램 속 사진에는 세련된 인테리어, 줄을 선 손님들, 감각적인 브랜드 이미지와 운영자의 밝은 표정이 담겨 있다. 하지만 화면 밖에는 재고 부담과 인건비 압박, 매출 부진과 대출 상환 같은 현실이 숨어 있다.

팔로워 수와 '좋아요'는 결코 사업의 건전성을 보장하지 않는다. SNS

     사업의 90%는 실패한다

에서 인기를 끄는 가게도 북적이는 날보다 한산한 날이 더 많다. 그럼에도 사람들은 사진 속 '성공의 순간'만 반복해서 보며 실제보다 훨씬 안정적인 운영이 가능한 것처럼 착각한다.

나 역시 첫 개원을 준비할 때 같은 착각에 빠졌다. 의료계 선배들은 모두 잘되는 것처럼 보였고, 개원 세미나 무대에는 언제나 성공담만 오갔다. 그러나 그 화려한 무대 뒤에는 빚을 안고 조용히 문을 닫은 수많은 원장들의 이야기가 숨어 있었다. 그 목소리는 당시에는 전해지지 않았다.

시간이 흐른 뒤에야 알게 되었다. 실제로는 많은 의원과 병원이 경영난 속에서 힘겹게 버티고 있었고, 겉으로 보이는 몇몇 화려한 사례는 의료 현장의 현실과는 전혀 달랐다. 그제야 성공담이 현실을 왜곡할 뿐 아니라 판단까지 흐리게 만든다는 사실을 깨달았다.

이런 왜곡의 진짜 위험은 현실적인 계획을 세우지 못하게 만든다는 점이다. 평균이 아닌 극단적 성공을 기준으로 목표를 세운다. 초기 자금 규모와 매출 목표, 인력 채용 계획은 현실보다 과도해지고, 위험 관리에는 점점 더 소홀해진다. 시장의 변동성과 불확실성을 반영하지 않은 채 화려한 성공담 속 일부 장면만 흉내 내게 된다. 결국 창업자는 자신이 다음 성공의 주인공이 될 것이라 믿으며, 과도한 초기 투자나 무리한 확장을 스스로 정당화한다. 이런 낙관적 편향은 자금 고갈과 경영 위기로 이어진다.

이 착시에서 벗어나려면 업종별 평균과 분포를 함께 확인해야 한다.

1년, 3년, 5년 생존율과 매출 상위 10%와 중위 50%의 차이를 살펴보고, 최악, 중간, 최선 3가지 시나리오를 함께 준비해야 한다. 특히 최악의 상황에서도 버틸 수 있는 구조를 미리 만들어 두면, 실제 결과가 기대에 미치지 못하더라도 운영을 이어 갈 수 있다.

성공 사례는 분명 동기 부여가 된다. 그러나 그것을 현실의 평균이라고 믿는 순간 판단은 흐려진다. 시장 구조와 실제 수치에 근거해 계획을 세워야 불확실한 환경에서도 지속 가능한 운영이 가능해진다. 화려한 성공담만 무작정 따라가면 생존력을 키울 수 없다. 보이지 않는 수많은 실패가 현실임을 인정할 때 비로소 진짜 힘이 생긴다.

창업을 부르는 보상의 강력한 힘

사람들이 창업을 선택하는 이유는 다양하다. 공익적 명분이든 오래 품어 온 꿈이든 간에, 그 밑바탕에는 결국 보상에 대한 기대가 깔려 있다.

보상은 단순히 돈만을 뜻하지 않는다. 자유, 자기결정권, 자기실현, 사회적 인정, 성취감 같은 눈에 보이지 않는 가치도 함께 작용한다. 보상에 대한 기대는 위험의 존재를 잊게 할 만큼 강력하다.

가장 먼저 떠오르는 보상은 경제적 수익이다. 직장 생활에서는 매달 정해진 급여를 받지만, 그 금액이 단기간에 몇 배로 오르는 일은 거의 없다. 반면 창업은 수입의 상한이 없다는 기대를 준다. 매출이 두 배로 오르면 순이익도 비례해 늘어날 것이라는 단순한 계산만으로도 사람들은 쉽게 도전 의욕을 불태운다. 물론 현실에서는 수많은 비용과 변수가 얽혀 있어 그렇게 직선적으로 늘지 않으며, 손익분기점을 넘기기도 쉽지 않다. 하지만 가능성만으로도 강력한 자극이 된다.

자유 또한 강력한 매력이다. 많은 창업자가 꿈꾸는 것은 시간적 여유와 일의 자율성이다. 하지만 실제로는 직장인보다 더 긴 시간, 더 불규칙한 일정 속에서 일한다. 잠자는 시간을 제외하면 하루 대부분을 사업에 매인 채 보낸다. 상사의 지시와 조직의 규율에서 벗어나 스스로 결정하는 삶은 많은 직장인의 오랜 이상이자 꿈이다. 그러나 자유에는 언제나 무거운 책임이 함께 따른다. 모든 것을 스스로 결정할 수 있지만, 그 결과도 오롯이 혼자 감당해야 한다.

자기실현 역시 창업이 주는 큰 보상 중 하나다. 자신의 이름을 걸고 무언가를 세상에 내놓아 인정받는 경험은 돈으로도 환산하기 어렵다. 내 경우 직접 개발한 수술법이 환자들에게 좋은 결과를 거두었을 때, 그 만족감은 매출이 늘었을 때보다 훨씬 오래 남았다. 자신의 아이디어와 철학이 현실에서 작동하는 모습을 보는 일은 창업자만이 누릴 수 있는 가장 특별한 순간이다. 하지만 대부분의 경우 적자에 허덕이며, 하고 싶은 일보다 당장의 수익이 되는 일을 우선해야 하는 것이 현실이다.

마지막으로 창업에는 사회적 인정과 영향력에 대한 기대도 존재한다. 사업이 일정 궤도에 오르면 업계나 지역사회에서 영향력과 발언권이 생기며, 강연이나 인터뷰 요청이 잇따른다. 사람들의 신뢰와 존중은 자존감을 높이고, 새로운 기회와 인적 관계의 확장으로 이어진다. 그러나 그런 경우는 극히 드물다. 혹시 주목을 받더라도 비교와 평가의 대상이 되고, 끊임없는 기대와 경쟁 압박을 감당해야 한다.

　문제는 보상 뒤에 숨어 있는 비용을 제대로 계산하지 못한다는 점이다. 초기 투자금이나 운영비 같은 가시적 비용만 고려하지만, 실제로 치러야 할 대가는 훨씬 복잡하다. 안정적인 월급이 사라지고 수입은 불규칙해지며, 매출이 발생하더라도 현금흐름이 막혀 자금난에 빠질 수 있다. 자유에는 책임이 따르고, 자기실현에는 오랜 시간과 고강도의 노동이 필요하며, 사회적 인정을 유지하려면 끊임없이 성과를 내야 한다는 압박을 감수해야 한다. 그렇게 삶의 한쪽에서는 건강, 가족, 취미, 관계가 서서히 희생된다.

　대부분의 창업자는 '사업이 안정되면 여유가 생길 것'이라 기대하지만, 실제로는 안정보다 새로운 과제가 끊임없이 나타난다. 투자가 커지고 직원이 늘어나며 경쟁이 한층 더 치열해진다. 그 과정에서 잃어버린 시간과 관계는 쉽게 회복되지 않는다.

　성공 후에도 편안해지지 않는다는 사실은 겪어 봐야 안다. 매출이 늘면 스트레스가 줄어들 것 같지만, 실제로는 관리해야 할 일들이 기하급수적으로 늘어난다. 고정비, 인건비, 재고, 품질, 확장 계획 등 수많은 변수를 동시에 다뤄야 하고, 작은 판단 하나가 큰 손실로 이어질 수 있다.

　창업을 준비할 때는 성공했을 때의 모습뿐 아니라 실패했을 때의 모습도 함께 생각해야 한다. 최선, 평균, 최악의 세 가지 시나리오를 미리 그려 보고, 최악의 경우를 감당할 수 있는지, 돈을 다시 마련할 수 있는지, 다시 일어서려면 시간이 얼마나 걸릴지를 따져야 한다. 실패에 대비하는 일은 선택이 아니라 꼭 필요한 준비다.

보상은 창업을 시작하게 만드는 큰 힘이다. 하지만 보상만 바라보고 달려가면 그 뒤에 숨어 있는 대가와 위험을 쉽게 간과한다. 무엇을 위해 창업하는지, 실패했을 때 감당할 수 있는지, 최악의 상황에서도 버틸 수 있는지 반드시 점검해야 한다. 보상은 분명 강력한 동기가 되지만, 끝까지 사업을 해내게 하는 진정한 힘은 비용과 위험을 인정하고 대비하는 태도에서 나온다.

흔히 빠지는 네 가지 창업의 함정

준비나 검증 없이 사업을 시작하는 경우는 의외로 많다. 의지와 상관 없이 떠밀리듯 창업하는 경우도 있고, 확신을 품고 스스로 뛰어들기도 한다. 많은 사람이 창업할 때 네 가지 흔한 함정에 빠진다. 그것은 바로 기술을 살린 '기술형', 취미를 일로 확장한 '취미형', 은퇴 후 생계를 위한 '은퇴형', 위기를 피하려는 '위기 회피형'이다. 이 네 가지 유형은 시작할 때 모두 그럴듯해 보인다. "내가 잘하는 일이니까." "내가 좋아하는 일이니까." "퇴직금으로 가게 하나 차리면 되겠지." "회사 스트레스에서 벗어나면 자유로워질 거야." 이런 믿음은 당장 도전할 힘을 준다. 하지만 시장 검증과 준비 없이는 현실의 벽을 넘기 어렵다.

가장 흔한 유형은 자신이 하던 일을 그대로 사업화하는 '기술형'이다. 제빵사는 빵집을, 세무사는 세무사무소를, 의사는 병원을 연다. "내가 잘하는 일이니까 잘 되겠지"라는 확신으로 출발한다.

그러나 전문 기술과 사업 운영은 전혀 다른 세계다. 유명 호텔 제빵사로 일하던 지인은 퇴사 후 빵집을 열었다. 하지만 현실은 달랐다. 원가 계산이 서툴러 수익이 남지 않았고, 임대료는 예상보다 훨씬 큰 부담이었다. 매일 새벽 3시에 일어나 혼자 빵을 준비하는 일은 체력적으로 감당하기 힘들었다. 몇 달 만에 적자가 누적되어 더 이상 감당할 수 없었다. 아무리 솜씨 좋은 제빵사라도 빵집 운영에서는 초보였다.

세무사무소를 차린 지인도 마찬가지였다. 세무법인에서 인정받던 그는 독립 후 현실이 이렇게 냉혹할 줄 몰랐다고 했다. 개업만 하면 의뢰가 밀려올 줄 알았지만, 현실은 달랐다. 아무도 찾아오지 않았다. 세무 장부 작성을 맡길 기업을 찾는 일은 하늘의 별 따기였고, 마땅한 영업 방법도 없었다. 어쩔 수 없이 동네 소규모 점포를 상대로 영업을 다녔다. 조금은 도움이 되었지만, 매출은 여전히 부족해 임대료를 내기도 벅찼다. 코로나19로 불황이 닥치자, 적자에 시달리던 자영업자들은 기장 계약을 해지하고 셀프 세무신고로 전환했다. 남은 고객마저 저가 온라인 세무 서비스로 이탈했다. 남의 회사를 도와주는 전문가였지만, 경영 관련 지식이 있다고 해서 자신의 회사를 잘 운영할 수 있는 것은 아니었다.

나 역시 개원 초기에 같은 착각에 빠졌다. 진료와 수술만 잘하면 모든 것이 해결될 것이라 믿었다. 하지만 자금 관리, 인사, 노무, 마케팅에 대한 무지가 경영을 이렇게 복잡하고 어렵게 만들 줄은 몰랐다. 진료실 밖에는 의대나 수련 과정에서 배운 적 없는 행정 처분, 민형사 소송, 악성 민원 같은 현실적 문제들이 기다리고 있었다. 내 지식이나 경

     사업의 90%는 실패한다

험으로 해결하기 버거운 일이었다. 심지어 자신 있다고 믿었던 진료와 수술 실력조차 대가들과 비교하면 아직 한참 모자랐다.

두 번째 유형은 취미를 사업으로 전환하는 '취미형'이다. 좋아하는 일로 돈을 벌 수 있다는 생각은 너무 매력적이다. 그러나 취미가 직업이 되는 순간, '하고 싶은 일'이 '해야만 하는 일'로 바뀐다. 평일 밤 즐겨 하던 취미는 주문 일정과 고객 대응에 쫓기면서 재미가 사라지고, 싫어도 해야 하는 단조로운 반복 작업으로 변하고 만다. 고객의 요구와 환불 처리, 예측할 수 없는 매출 변동에 시달리다 보면 처음의 즐거움은 사라지고 의무감과 스트레스만 남는다.

취미로 유튜브를 하며 구독자를 꽤 모은 지인이 있었다. 전업으로 전환했지만 광고 수익은 생활비에 한참 못 미쳤다. 사진 찍기를 좋아해 프리랜서 작가가 된 친구는 촬영 의뢰가 들쑥날쑥해 경제적으로 늘 불안해했다. 좋아하는 일이 생계 수단이 되는 순간, 즐거움은 사라지고 생존의 문제만 남는다.

세 번째는 퇴직 후 생활을 위한 '은퇴형'이다. 직장을 떠난 뒤 안정적인 수입을 기대하며, 진입 장벽이 낮아 보이는 치킨집이나 분식집, 편의점을 선택한다.

은퇴한 고등학교 선배는 퇴직금 전부를 들여 치킨집을 열었다. 본사의 "레시피와 마케팅을 지원하고 수익을 보장한다"는 설명만 믿고 시작했지만, 로열티와 재료비, 배달 앱 수수료를 제하고 나면 손에 남는 돈은 거의 없었다. 결국 2년 만에 가게 문을 닫았고, 남은 것은 빚과 재취업이 어려운 나이뿐이었다.

은퇴자들이 무모해 보이는 창업을 선택하는 데는 이유가 있다. 퇴직금을 가만히 두면 생활비로 순식간에 사라진다. 매달 줄어드는 통장 잔고를 보며 불안감은 커지고, 결국 '뭐라도 해야 한다'는 생각에 창업으로 내몰린다. 하지만 겉보기보다 현실의 시장은 어떤 업종이든 경쟁이 치열하고 이익률은 생각보다 훨씬 낮다. 매출과 비용 구조를 충분히 이해하지 못한 채 뛰어들면 손님이 조금만 줄어도 적자에서 벗어나기 어렵다. 퇴직금은 종잣돈이 되지만, 경험이 부족할수록 더 많은 여유 자금이 필요하다. 현실적으로 초보 창업자가 흑자로 전환하기까지 버티기에는 퇴직금만으로는 턱없이 모자라다.

마지막으로 가장 위험한 것은 '위기 회피형' 창업이다. 직장 불만이나 조직 갈등, 구조조정 등을 계기로 '차라리 내 사업을 하겠다'며 뛰어든다. 그러나 충동적 감정에서 출발한 창업일수록 준비가 부족하다. 40대 중반에 회사를 나온 지인은 상권 분석 한 번 없이 카페를 열었다. 바리스타 교육을 받고 오픈하기 전까지는 기대와 희망이 있었다. 그러나 개업한 지 몇 달 만에 인근 프랜차이즈와 치열한 가격 경쟁을 벌이다가 매출이 절반으로 줄었다. 이를 만회하기 위해 영업시간을 대폭 늘렸다. 직장 스트레스는 사라졌지만, 아르바이트생을 구하고 관리하는 일이 오히려 더 버거웠다. 하루 12시간씩 가게를 지켜도 적자만 늘었고, 직장 생활보다 더 지쳤다. 결국 직장의 압박에서 벗어나려던 선택이 더 큰 짐으로 돌아왔다. 도망치듯 시작한 창업은 오히려 더 단단한 감옥이 되었다.

사업을 시작하는 이유는 다양하지만, 대부분은 시장 검증이 부족하다. "내가 좋아하니까, 내가 잘하니까"라는 이유만으로 출발하면 정작 소비자가 원하는 것과 시장이 받아들일 수 있는 가격대를 놓치기 쉽다. 상권 분석이나 경쟁 구도 파악 없이 임대, 설비, 인력부터 확정하면 되돌리기 어렵다.

위험을 줄이려면 정식 개업 전에 반드시 작은 실험이 필요하다. 온라인으로 먼저 수요를 확인하거나, 팝업스토어에서 시험 판매를 해 보는 것도 좋은 방법이다. 이런 과정을 거치면 막연한 기대가 현실적인 계획으로 구체화된다.

출발할 때는 열정과 전문성이 물론 중요하다. 하지만 그것만으로는 충분하지 않다. 시장 검증, 충분한 자본, 구체적인 실행 계획이 뒷받침되어야 비로소 지속 가능한 사업이 된다.

4장

사업 실패를 알리는 신호

아무리 철저히 준비해도 완전히 안전한 사업은 존재하지 않는다. 경제 환경은 끊임없이 변하고 경쟁은 치열해지며, 예상치 못한 변수가 언제든 생길 수 있다. 실패는 어느 날 갑자기 찾아오는 것처럼 보이지만, 그 전에 반드시 신호가 나타난다.

가장 먼저 드러나는 것은 현금흐름의 악화다. 통장 잔액이 매달 줄고, 결제일마다 자금 마련에 허둥대기 시작한다. 이어서 재고가 쌓인다. 팔리지 않는 물건은 현금을 묶어 두고, 시간이 지날수록 가치는 떨어지며 보관비만 늘어난다. 재고 증가는 일시적인 판매 부진이 아니라 위기의 시작이다.

고정비 부담도 치명적이다. 매출이 줄어드는데도 임대료, 인건비, 이자는 그대로 빠져나가 적자가 눈덩이처럼 불어난다. 이런 상황에서 무리하게 확장하면 위험은 순식간에 걷잡을 수 없이 커진다. 기반이 약한 상태에서 점포나 설비를 늘리면 지출만 많아지고 현금은 금세 바닥난다.

문제는 많은 사업자가 이런 신호를 보면서도 '조금만 버티면 괜찮아질 거야'라며 현실을 외면한다는 점이다. 그러나 대응이 늦어지면 손실은 커지고, 결국은 돌이킬 수 없는 지점에 도달한다.

실패를 완전히 피할 수는 없다. 그러나 조짐을 일찍 포착하고 행동하면 피해를 최소화할 수 있다. '위험 신호에 얼마나 적절히 대응하느냐'가 결국 생존과 퇴출을 가른다.

　　　　　　　　　　　　　　　　　사업의 90%는 실패한다

실패는 대부분 원인 불명, 예방보다 대비가 답

사업이 무너지는 이유가 단순하다면 대응도 쉬울 것이다. 그러나 현실은 훨씬 더 복잡하다. 외부 요인과 내부 요인, 운까지 복잡하게 얽혀 사업을 무너뜨린다. 동시에 발생하기도 하고, 연쇄적으로 이어지기도 한다. 단 한 문장으로 규정할 수 있는 문제가 아니다.

대부분 "사업이 왜 망하는지"만 알면 실패를 피할 수 있을 거라 믿는다. 실제로 창업자와 경영자들이 가장 궁금해하는 것도 이 질문이다. 그래서 성공 강연이나 책에서는 "이 습관 때문에 망한다", "이 전략을 쓰면 반드시 실패한다" 같은 단정적인 문구가 끝없이 반복된다. 단순한 설명은 명쾌해 보이지만, 수많은 실패 요인 중 극히 일부에 불과하다. 알고 있어도 큰 도움이 되지 않는다. 실제 원인은 훨씬 더 복잡하고 방대하며, 대부분 예상치 못한 틈으로 파고든다. 실패는 노력만으로는 예방이 불가능하다. 그러나 실패한 이후 다시 일어설 수 있는 전략과 자원은 미리 준비할 수 있다.

외부 요인부터 살펴보자. 경기 침체나 금리 인상, 규제 강화와 같은 큰 흐름을 개인이 막을 수는 없다. 소비가 줄면 매출은 곧바로 감소하고, 경쟁자가 늘면 가격 전쟁이 불가피하다. 기술의 변화와 트렌드의 전환은 기존 사업을 한순간에 무너뜨리기도 한다. 동네 서점은 온라인 서점에 밀렸고, 종이 신문은 포털과 모바일 뉴스에 자리를 내주었다. 코로나19 때는 멀쩡하던 가게들이 줄줄이 문을 닫았다. 외부 충격은 예고 없이 찾아오는 일이 많고, 대부분의 사업자는 그 변화를 따라잡지 못한다.

내부 요인은 겉으로 드러나지 않게 사업의 기초를 서서히 허문다. 재무 관리 부실, 인력 관리 실패, 품질 관리 미흡, 의사결정 지연, 마케팅 부재는 단기간에는 드러나지 않지만 장기적으로 기반을 약화시킨다. 신제품 출시가 늦어 시장을 선점할 기회를 놓치거나, 품질 불량으로 브랜드 신뢰가 무너지는 경우가 대표적이다. 조직이 커질수록 경영자는 현장과 멀어지고, 갈등이 누적되다 어느 순간 폭발한다. 핵심 인력이 이탈하면 매출뿐 아니라 조직의 사기도 흔들린다. 내부 문제는 조용히 쌓이다가 외부 충격과 맞물려 한순간에 사업을 붕괴시킨다.

가장 위험한 순간은 외부 요인과 내부 요인이 동시에 맞물릴 때다. 경기 침체기에 재고 관리가 부실하면 재고 가치는 빠르게 떨어지고, 보관비는 계속 나간다. 규제가 강화되는데도 마케팅 전략을 바꾸지 못하면 돌파구를 마련하지 못한다. 새로운 경쟁자가 등장했는데 내부 의사결정이 늦으면 시장 주도권을 빼앗긴다. 이렇게 맞물린 요인들이 위기

　　　　　　　　　　　　　　　　사업의 90%는 실패한다

를 가속화하고 손실 규모를 더욱 키운다.

여기에 예측할 수 없는 불운이 겹친다. 경쟁사의 혁신 제품 출시, 주요 거래처의 부도, 대표자의 건강 악화 같은 변수는 사전에 대비하기 어렵다. 실제로 안정적으로 운영되던 사업이 대표의 건강 문제 하나로 흔들리는 경우는 드물지 않다. 가족 문제나 개인적 사고처럼 사소해 보이는 요인도 연쇄 반응을 일으켜 결국 사업을 무너뜨릴 수 있다.

우리는 사업이 망하는 진짜 이유를 얼마나 알고 있을까? 필자는 전체를 100%라 할 때, 파악할 수 있는 부분이 1~2%에 불과하다고 생각한다. 하지만 사람들은 자신이 직접 듣거나 겪어서 알게 된 지식을 과신하며, 몇 가지 변수들만 고려하면 성공할 수 있다고 믿는다. 불완전한 지식과 잘못된 원인 분석은 엉뚱한 대책으로 이어질 수밖에 없다.

의학에서도 복잡한 원인으로 인한 질환을 단일 원인으로 단순화해 설명하는 오류가 자주 발생한다. 허리디스크의 원인에 대한 설명이 대표적이다. 보통 자세 탓으로 돌리며, 평소 자세를 바로 하거나 특정한 자세를 유지하면 예방과 치료가 모두 가능하다고 말한다. 그러나 실제로는 근육과 인대, 생활 습관, 연령, 체질 등 여러 요인이 복합적으로 얽혀 있다. 자세는 그중 일부에 불과하다. 사실 대부분의 질환은 원인이 무수히 많아, 완벽한 예방은 불가능하고 일부만 예방이 가능하다.

그렇다면 실패를 막을 수 있는가? 사업이 잘되거나 실패하는 이유 역시 질병의 원인만큼이나 다양하며, 본질적으로 다르지 않다. 조건은 수백 가지이고, 그중 상당수는 인간이 통제할 수 없는 영역이다. 베테

랑 경영자조차 모든 조건을 파악할 수는 없다. 불가능한 영역을 붙잡기보다, 지금 당장 통제할 수 있고 실행 가능한 '실패에서 다시 일어서는 방법'에 집중하는 편이 훨씬 현실적이다.

따라서 초점은 '예방'이 아니라 '대비'에 두어야 한다. 언제든 무너질 수 있다는 전제로 미리 준비해야 한다. 대비는 단순히 비상자금을 마련해 두는 것 말고도 구체적이어야 한다. 위기 시나리오를 작성해, 각 지점에서 어떤 행동을 취하고 무엇을 중단할지를 사전에 명확히 정해 두어야 한다. 예를 들어 어떤 상황에서 거래처를 정리할지, 언제 고정비를 줄일지, 얼마나 어려울 때 사업을 접을지를 기록해 두는 것만으로도 생존 가능성은 크게 높아진다.

실패는 단번에 닥치는 사건이 아니라, 서서히 진행되는 과정이다. 하루아침에 무너지는 사업은 드물다. 대부분은 수개월, 수년간 쌓인 균열이 어느 날 한꺼번에 터진다.

따라서 균열의 첫 징후가 보일 때 즉시 대응할 수 있도록 준비해야 한다. 작은 변화를 읽는 훈련, 위기 상황에서의 의사결정 체계, 그리고 포기할 줄 아는 용기와 절제력이 필요하다. 위기는 피해야 할 재앙이 아니라, 관리해야 할 과제다.

현금흐름 악화의 첫 신호, 통장 잔고

사업에서 가장 먼저 나타나는 위기 신호는 현금 흐름의 이상이다. 복잡한 회계 지식은 필요 없다. 통장에 돈이 남아 있는지, 잔액이 증가하는지 감소하는지만 확인하면 된다. 매출 규모나 부채 비율보다, 실제로 당장 쓸 수 있는 현금이 있는지가 더 중요하다. 결제 대금, 임대료, 급여, 세금을 제때 내고도 여유 자금이 있는지가 사업 건전성을 가장 잘 보여 준다.

현금 위기는 처음에는 잘 보이지 않다가 어느 순간 급격히 악화된다. 잔고가 부족한 달이 생겼을 때는 "이번 달은 지출이 많았을 뿐이야" 하고 넘길 수 있다. 하지만 잔고 부족이 두세 달 이어지면, 이미 지출이 수입을 앞서기 시작한 것이고 자금 흐름은 마이너스로 돌아섰다는 신호다. 그때부터 본격적인 위기가 시작된다. 사업 계좌의 현금은 바닥나기 전에 즉시 보충해야 하며, 부족분을 메우기 위한 외부 자금이 필요하다. 추가로 동원할 수 있는 여력은 사업자마다 다르겠지만, 적자가 지속된다면 규모와 상관없이 결국 바닥나게 마련이다.

현금이 줄어드는 원인은 다양하다. 대부분 매출 감소를 먼저 떠올리지만, 외상 거래나 지연 결제도 현금 흐름을 악화시키는 대표적 원인이다. 장부상 매출은 실제 입금되기 전까지는 그저 숫자일 뿐이다. 3천만 원을 납품해도 결제일이 한 달 뒤라면, 당장 쓸 수 있는 돈은 없다. 하지만 재료비, 인건비, 임대료, 공과금은 그 사이에도 예외 없이 빠져나간다. 거래처가 결제를 며칠만 늦춰도 자금 흐름은 즉시 불안정해진다.

재고 역시 눈에 띄지 않게 현금을 갉아먹는다. 잘 팔릴 것이라 믿고 현금을 들여 대량 매입한 상품이 창고에 쌓이면, 그 돈은 사업의 흐름에서 벗어나 제 기능을 잃는다. 계절 상품이나 유행 제품은 시기를 놓치면 가치가 급격히 하락한다. 겨울 점퍼가 봄까지 창고에 남아 있다면, 그것은 자산이 아니라 짐이다.

카드 매출처럼 안정적인 수입도 입금 시차로 인해 불안정해질 수 있다. 입금은 며칠 뒤인데 지출은 당장 빠져나간다. 특히 월말이나 월초처럼 카드 결제일과 임대료, 급여 지급일이 겹치면 통장 잔액은 하루아침에 바닥을 드러낸다. 매출은 유지돼도 현금이 부족해 연체에 몰리는 상황이 생길 수 있다.

많은 사업자가 판매량만 늘리면 문제가 해결된다고 착각한다. 그러나 무리한 할인이나 과도한 광고비는 이익을 잠식하고, 외상 거래가 많아질수록 현금 유입은 늦어진다. 매출은 늘어도 통장은 오히려 더 빨리 비어 간다. 진짜 문제는 매출 감소가 아니라 현금 고갈이다. 반대로, 매출이 줄더라도 현금 흐름에 문제가 없는 한 사업은 충분히 버틸 수 있다.

현금흐름을 감에만 의존하는 것은 위험하다. 매일, 최소한 주 단위로 유입과 지출을 기록하고 숫자로 확인해야 한다. 그래야 어떤 지출을 줄이고 무엇을 우선적으로 막아야 할지 판단할 수 있다. 외상 거래 조건은 계약 단계에서 명확히 규정하고, 연체가 발생하면 즉시 거래 규모를 축소해야 한다. 재고는 주기적으로 점검해 불필요한 물량을 할인, 세트 판매, 채널 전환 등으로 신속하게 현금화해야 한다.

불확실한 시기를 버티려면 충분한 운전자본이 필요하다. 최소 3개월, 가능하다면 6개월분의 고정비를 미리 확보해야 한다. 고정비란 임대료, 인건비, 세금, 보험료, 공과금처럼 사업이 잘되든 안 되든 반드시 나가는 비용이다. 이 자금은 단순한 비상금이 아니라 사업의 생존 기간을 연장하는 장치다.

예를 들어 우리 병원의 월 고정비는 약 6억 원이다. 임대료, 인건비, 관리비, 보험료 등이 여기에 해당한다. 고정비 기준으로 3개월치면 18억, 6개월치면 36억이 필요하다. 고정비와는 별도로, 환자 수에 따라 변동하는 약품비, 의료 소모품, 재료비 등 변동비가 월 3억 원가량 발생한다.

실제로는, 준비된 사람에게 현실이 그리 빡빡하지 않다. 3개월치 고정비만 있어도 실제로는 1년 가까이 버틸 수 있다. 경기가 나빠도 일정 수준의 매출은 유지되고, 아무리 불황이라도 사업이 잘 되는 달은 있게 마련이다. 변동비는 환자가 감소하면 자연히 줄어든다. 따라서 6개월 치 자금을 확보하면 환자가 줄거나 경기가 나빠도 최소 2~3년은 버티며 손익분기점을 넘기기 위해 노력을 이어 갈 수 있다. 코로나19 초기와 같은 극심한 불황을 제외하면, 대부분의 불경기는 이 정도 자금으로 충분히 버틸 수 있다. 반대로 운전자본이 전혀 없다면 몇 달도 지속하기 힘들다.

대부분의 사람은 "그 큰돈을 어떻게 마련할 수 있느냐"고 묻는다. 답은 단순하다. 어떤 수단이든 써서 준비해야 한다. 은행과 협의하든, 자산을 매각하든, 주식을 정리하든 방법을 찾아야 한다. 사업이 잘 될 때도 직원 성과급이나 보너스, 해외여행 같은 불필요한 지출을 줄이고 비상시에 쓸 자금을 비축해야 한다. 당장 보너스를 지급하는 것보다 회사를 안정적으로 오래 지켜 내는 것이 직원들에게 진정한 보상이다. 이 자금은 선택이 아니라 생존을 위한 필수 조건이다.

경영자가 가장 집중해야 할 계산은 매출이나 이익이 아니라, 회사가 얼마나 버틸 수 있는지를 가늠하는 일이다. 이 기간이 길수록 위기에 대응할 여유가 커지고, 새로운 기회를 모색할 수 있다. 생존은 시간과의 싸움이며, 시간을 가장 확실하게 늘려 주는 것은 미리 확보한 자금이다.

현금흐름의 악화는 사업 붕괴의 가장 명확한 신호다. 거래처 신뢰가 흔들리면 매입 조건이 나빠지고 원가 구조와 마진이 무너지며, 결국 현

     사업의 90%는 실패한다

금 유입이 지연된다. 이런 상황이 불과 몇 달만 지속돼도 회복이 쉽지 않다. 사업의 성패는 '얼마를 버느냐'도 중요하지만, 궁극적으로는 '자금의 흐름을 얼마나 안정적으로 관리하느냐'에 달려 있다. 돈은 피와 같고, 현금흐름은 그 피를 돌게 하는 혈액순환이다. 흐름이 멈추는 순간, 사업의 심장은 멈춘다.

무리한 확장은 실패를 부른다

사업이 안정적인 궤도에 진입하면 가장 먼저 찾아오는 유혹은 확장이다. 매출이 안정되고 고객이 늘면 자연스럽게 '이제 규모를 키워야 할 때'라는 생각이 든다. 매장이 붐비고 대기줄이 길어지면 더 많은 지점과 더 넓은 매장, 더 나은 설비를 욕심내기 마련이다. 성장은 언제나 화려하고 매혹적으로 보인다.

이러한 유혹에 경쟁자의 압박까지 더해지면 '지금 확장하지 않으면 기회를 잃는다'는 조급함이 생기고, 주변의 권유가 그 불안을 더욱 증폭시킨다. 투자자와 직원은 더 큰 성장을 기대하고, 가족마저 "이럴 때 키워야 한다"고 말한다. 확장은 '반드시 해야 하는 선택'처럼 보이지만, 대부분 착각에 불과하다.

월 매출 3천만 원이 나오는 가게가 있다면, 지점만 늘리면 두세 배로 확대할 수 있다고 믿기 쉽다. 그러나 그런 계산은 현실과 동떨어진 숫자놀음에 불과하다. 확장을 단행하는 순간, 비용, 인력, 관리라는 벽이 한꺼번에 높아지며 상황은 급격히 어려워진다. 잘되던 사업이 한순간에 무너지는 이유도 십중팔구 성급한 확장 때문이다.

사업 확대에는 적절한 시점이 있다. 그러나 매출이 감소하고 적자가 지속될 때 '돌파구'로 삼아 확장을 선택하는 사례도 많다. 나 역시 처음 운영하던 전문병원의 매출이 인근 경쟁 병원 개원으로 감소하자 규모 확대라는 승부수를 던졌다. 더 큰 병원으로 키우면 경쟁력을 회복할 수 있다고 믿었지만, 결과는 오히려 더 나빠졌다. 당시에는 합리적인 선택처럼 보였지만, 스스로 판 함정에 빠진 꼴이었다.

이 패턴은 업종을 가리지 않는다. 고깃집이 인근 대형 매장에 맞서 덩치를 키우거나 PC방들이 경쟁적으로 증설하는 사례도 다르지 않다. 위기 앞에서 본능적으로 규모로 대응하지만, 결과는 대개 수익성 악화와 고정비 폭증으로 귀결된다. 규모 경쟁은 무기가 되지 못하고 오히려 족쇄로 돌변한다.

지점을 늘릴 때 가장 먼저 직면하는 것은 예상보다 훨씬 많은 초기 비용이다. 임대 보증금, 인테리어, 장비 구입, 인력 채용과 교육, 초기 마케팅, 인허가 비용이 한꺼번에 몰린다. 여러 번 창업한 사람이라면 비용 구조를 잘 안다고 생각하기 쉽지만, 실제로는 할 때마다 예상치 못한 지출이 쏟아져 당황하게 된다. 처음에는 2억이면 충분할 것 같지만, 실제로는 3억 이상이 드는 경우가 흔하다. 공사 지연이나 설비 추가, 인허가 변경까지 겹치면 비용은 눈덩이처럼 불어난다. 개업을 위한 초기 지출은 대부분 한꺼번에 발생하지만, 영업을 시작해 현금이 돌기까지는 최소 6개월이 걸리고, 투자금을 회수하기까지는 수년이 걸린다. 이마저도 잘 되었을 때의 이야기다. 사업의 성공 확률이 높지 않으므로, 실제로는 몇 년 동안 자금이 빠져나가는 상황을 버티는 경우가 더 많다.

규모가 커지면 운영의 복잡성도 급격히 증가한다. 기존에 원활히 돌아가던 시스템이 새 지점에서도 잘 작동하리라는 보장은 없다. 품질 관리와 고객 응대는 매장이 늘어날수록 느슨해지기 마련이다. 사장이 직접 관리할 수 있는 범위가 줄어들면서 영향력도 약해진다. 점장과 중간 관리자가 개입하면서 의사 전달이 지연되고, 고객이 느끼는 서비스 품질이나 매장 분위기의 통일성도 흔들린다. 작은 불만이 쌓여 부정적 리뷰로 이어지면 본점과 지점 모두 브랜드 이미지에 타격을 입는다. 첫 매장의 성공이 사장 개인의 역량과 열정 덕분이었다면, 그 성과를 다른 지점에서 똑같이 재현하기는 쉽지 않다.

수요 예측도 큰 함정이 될 수 있다. 본점이 붐빈다고 해서 다른 지역에 낸 분점에서도 같은 수준의 수요가 생기리라는 보장은 없다. 위치, 유동 인구, 소비 패턴, 경쟁 환경이 다르면 매출도 완전히 달라진다. 신규 지점이 개점 초기부터 본점 수준의 매출을 올리는 경우는 거의 없다. 보통 6개월에서 1년 정도는 적자가 나기에, 손익분기점에 도달할 때까지는 본점의 이익이나 사장의 자금으로 메워야 한다. 만약 본점 매출까지 흔들리면 두 매장이 동시에 위험에 빠진다.

사업 확대 결정과 실행 사이에 존재하는 외부 요인도 간과할 수 없

  사업의 90%는 실패한다

다. 금리 인상, 임대료 상승, 강력한 경쟁자 등장 같은 변동은 수익 구조를 예상보다 훨씬 빠르게 악화시킨다. 특히 차입에 의존한 성장은 금리 변동에 취약하다. 월 상환액이 조금만 늘어나도 수익성이 악화된다. 확장 직후 불황이 닥치거나 예기치 못한 사건이 발생하면 모든 지점의 매출이 동시에 하락하고, 고정비 부담은 체감상 몇 배로 늘어난다. 단 한 번의 외부 충격만으로도 전체가 무너질 수 있다.

나 역시 무리한 확장의 혹독한 대가를 치렀다. 종합병원으로 전환하면 성공할 것이라는 확신에 사로잡혀, 진료 과목을 늘리고 인력과 장비를 한꺼번에 투입했다. 계산은 단순했다. '환자가 조금만 늘면 이 비용은 금세 메울 수 있다.' 그러나 현실은 달랐다. 환자 수는 기대에 한참 못 미쳤고, 불어난 고정비는 매달 내 어깨를 짓눌렀다. 손익분기점에 이르기까지 필요한 자금과 시간을 과소평가한 것이 결국 병원을 무너뜨렸다.

무리하게 확장하려다 실패한 사례는 업종을 가리지 않는다. 음식점이 2호점, 3호점을 연달아 열었다가 인력 관리 실패로 문을 닫거나, 제조업체가 대규모 수주를 기대하고 설비를 늘렸다가 유지비 부담을 감당하지 못하는 경우가 대표적이다. 본질적으로, 여력이 없는 확장은 무너지기 마련이다.

그렇다고 해서 사업 확대를 무조건 피해야 하는 것은 아니다. 핵심은 확장의 속도와 타이밍, 그리고 퇴로다. 매장은 한꺼번에 늘리지 말고 하나씩 검증해 가며 확장해야 한다. 팝업스토어나 임시 매장으로 시장 반응을 시험하고, 최소 6개월 이상 데이터를 확보한 뒤 다음 단계를 결정하는 신중함이 필요하다.

퇴로는 반드시 사전에 마련해 두어야 한다. 임대차 해지 조건, 설비 재판매 가능성, 인력 조정 시나리오를 미리 검토해 두면 위기 상황에서 손실을 줄일 수 있다. 규모 확대는 성공의 보상이 아니라 새로운 위험의 시작이다. 따라서 현재 모델을 재현할 수 있는지, 기존 사업의 품질을 유지할 수 있는지, 6개월 이상 적자를 감당할 자금이 있는지, 실패 시 철수 계획이 있는지를 냉정하게 점검해야 한다.

사업 확대는 가능성만을 보고 결정할 일이 아니다. 충분한 여력이 있을 때만 시도해야 한다. 자금과 인력, 운영 시스템이 모두 안정되고, 실패 시 손실을 최소화할 장치까지 마련되어 있어야 한다. 성공에 취해 무턱대고 속도를 내는 순간, 성장은 파멸로 이어진다. 냉정하게 위험을 계산하고 멈출 줄 아는 용기를 가진 사람만이 성장의 기회를 온전히 자신의 것으로 만들 수 있다.

오래 버틸수록 강해지는 결정적 무기

사업의 진정한 성패는 단기 성과로 판단해서는 안 된다. 처음에는 실력과 경험이 부족해도 운 좋게 일이 잘 풀릴 수 있다. 하지만 행운으로 벌 수 있는 돈은 많지도 않고 지속되기도 어렵다. 경쟁력이 있어야 오래 버틸 수 있다. 제대로 된 경쟁력을 갖추려면 최소 몇 년은 필요하다. 그 시간을 지나야 노하우가 쌓이고 고객층이 안정되며 운영 효율이 자리 잡는다. 무엇보다 그 시간을 견디며 경쟁자가 따라올 수 없는 무기를 만들게 된다.

위기를 관리하는 이유는 단순히 하루를 버티기 위해서가 아니다. 내일을 준비할 시간을 벌고, 그 시간 동안 위기를 헤쳐 나갈 비장의 전략을 갖추기 위해서다. 그런 무기가 있어야 시장에서 살아남을 수 있다.

사업이 무너지는 과정은 겉보기에는 갑작스러운 폭발처럼 보이지만, 실제로는 숫자에서 먼저 신호가 나타난다. 문제는 많은 경영자가 그 신호를 제대로 보지 않거나 외면한다는 점이다. 자동차 계기판에 경고등이 켜졌는데도 '괜찮겠지' 하며 무시하고 달리는 것과 같다. 그러나 경고등이 켜진 뒤 속도를 줄일 수 있는 시간은 있다. 그 시간을 놓치면 사고는 피할 수 없다. 사업도 다르지 않다.

가장 즉각적으로 드러나는 신호는 통장 잔액이다. 매출이 늘고 장부상 이익이 기록되더라도 통장 잔액이 줄어들고 있다면 이미 위험 신호다. 종이에 적힌 매출이나 이익은 당장 지출해야 할 임대료와 인건비를 막아 주지 못한다. 거래처 대금 회수가 늦어지거나 지출 시점이 앞당겨지면 장부상 흑자는 현실과 동떨어진 수치에 불과하다. 따라서 꾸준히 통장을 확인하고 주별, 월별로 현금흐름표를 작성하는 습관이 필요하다. 장부는 과거를 보여 주지만, 통장은 현재를 보여 준다.

현금흐름만큼이나 중요한 것이 고정비 구조다. 매출이 조금만 줄어도 곧바로 적자로 전환된다면 그 사업은 비용 구조가 무겁다는 뜻이다. 고정비가 높은 것은 개인 역량보다 업종 특성 때문이다. 특히 병원, 호텔, 제조업 같은 업종은 개업 준비를 시작하는 순간부터 일정 수준 이상의 인건비, 임대료, 유지 관리비가 발생한다. 확장은 고정비 부담을 한층 더 키운다. 의원에서 병원으로, 병원에서 종합병원으로 규모를 키우면 비용은 단순히 두세 배가 아니라 기하급수적으로 늘어난다. 관리 인력, 시설 유지, 행정 부담 등 운영 전반의 비용이 함께 불어나는 것이다. 따라서 확장을 고려한다면 매출이 얼마나 늘지를 계산하기보다 비용 구조가 어떻게 달라질지를 먼저 분석해야 한다. 많은 사업이 확장 과정에서 무너지는 이유가 바로 여기에 있다.

 사업의 90%는 실패한다

차입 구조도 반드시 점검해야 한다. 같은 금액을 빌리더라도 저금리 장기 대출과 고금리 단기 대출의 부담은 크게 다르다. 장기 대출은 안정적인 자금줄이 될 수 있지만, 단기 차입은 순식간에 현금흐름을 막는다. 위기가 본격화된 뒤에는 좋은 조건으로 자금을 빌리기 어렵다. 재무제표가 악화되면 은행은 높은 금리를 요구하거나 아예 대출을 거절한다. 따라서 자금 사정이 좋고 여유가 있을 때 장기 저리로 전환해야 한다. 위기가 닥친 뒤에 두드린 문은 열리지 않는다.

현금 유동성은 곧 사업의 생명줄이다. 자금이 있어야 위기를 넘길 수 있고, 기회가 왔을 때 잡을 수도 있다. 그러나 많은 사업자가 재고나 불필요한 투자에 돈을 묶어 두어, 정작 위기 순간 사용할 현금을 확보하지 못한다. 계절이 지난 상품이나 유행이 끝난 제품은 손실을 감수하더라도 빠르게 처분해야 한다. 창고에 쌓인 재고는 자산이 아니라 부담일 뿐이다. 불필요한 설비 투자나 과도한 사무실 임차도 마찬가지다. 자금이 묶이는 순간 생존 가능 기간은 급격히 줄어든다.

인건비는 위기 상황에서 줄이기 가장 어렵고 동시에 신중히 다뤄야 하는 항목이다. 병원을 예로 들면 외래 진료, 수술, 입원 관리, 약 조제, 응급 대응, 행정까지 모두 필수 기능이다. 각 부서의 인력을 조금만 줄여도 병원의 기능 전체가 심각한 타격을 입는다. 다시 충원하더라도 곧바로 회복되지 않는다. 숙련된 직원이 떠나면 단순한 인력 감소가 아니라 조직의 노하우와 품질이 사라진다. 힘들더라도 핵심 인력을 지키는 것이 장기적으로 비용을 줄이는 길이다. 하지만 경영 현장을 모르는 사람들은 병원이 어려우면 무조건 긴축하라고 말한다. 경영은 그렇게 단순하지 않다.

적자 상황에서 벗어나 회복 단계로 전환하기까지는, 생각보다 많은 시간이 걸린다. 업종마다 차이는 있지만 최소 6개월에서 길게는 2년 이상 버틸 여력이 필요하다. 경기 순환, 계절별 수요 변화, 정책과 규제는 누구도 단숨에 바꿀 수 없다. 그 시간을 견디지 못하면 회복기가 오기도 전에 포기하게 된다. 자금을 체계적으로 관리하고 여유 자금을 마련해 시간을 확보하는 것이 가장 현실적이고 직접적인 생존 전략이다.

숫자를 관리할 때는 반드시 명확한 기준을 세워야 한다. 현금흐름이 일정 수준 이하로 떨어지면 불필요한 지출을 즉시 차단하고, 부채 여력이 한계에 이르면 추가 차입을 중단해야 한다. 불편하고 두렵더라도 핵심 지표를 직시해야 한다. 막연한 불안 속에서 시간을 허비하는 것보다 냉정한 숫자 앞에서 현실을 확인하는 편이 훨씬 생산적이다. 숫자는 경영자의 감정이나 희망을 배려하지 않고, 언제나 있는 그대로의 현실을 보여 줄 뿐이다.

가능성이 있는 사업이라고 확신한다면 당장 눈에 띄는 성과가 없어도 버티며 경험과 노하우를 축적해야 한다. 숫자는 단순한 장부 관리가 아니라, 사업의 생존과 성장을 뒷받침하는 기초다. 몇 년간 기반을 다지는 동안 고객의 신뢰가 쌓이고, 운영 효율이 개선되어 안정화되며, 경쟁자가 쉽게 따라올 수 없는 강점이 형성된다. 그 강점은 기술일 수도, 서비스 품질일 수도, 조직의 경험과 신뢰 같은 무형 자산일 수도 있다. 핵심은 단기간의 성과가 아니라 지속적인 노력을 통해 축적되는 힘이다.

　오래 버틴 사업만이 업계에서 흔들리지 않는 자리를 차지한다. 단단한 성공은 하루아침에 오지 않는다.

5장

병원도 살아남기 어려운 시대

늘 안정적인 사업으로 여겨졌던 병원이 이제 불안정한 환경에 놓이게 되었다. 병원은 한때 안정성과 지속성을 상징하는 업종이었다. 환자는 아프면 반드시 병원을 찾을 수밖에 없었기에, 의료는 대체할 수 없는 필수 서비스였다. 문만 열면 환자가 몰렸고, 지역 독점과 높은 진입 장벽이 병원의 안정적인 수익을 보장해 주었다.

상황은 크게 달라졌다. 고령화로 환자 수는 늘었지만 병원 수는 그보다 훨씬 빠른 속도로 증가했다. 의료 수가는 원가에도 미치지 못하고, 비급여에 의존하려 해도 규제와 압박은 갈수록 거세진다. 같은 상권에 비슷한 규모와 진료과목의 병원이 잇따라 들어서면서 경쟁은 더욱 치열해졌고, 환자는 특정 병원에 오래 머무르지 않고 자유롭게 이동하는 시대가 되었다.

인건비와 임대료는 가파르게 상승하고 있다. 환자를 끌어들이려면 최신 장비를 갖춰야 하며, 그 교체 주기도 갈수록 짧아지고 있다. 이제는 동네 환자만으로 병원을 유지하기 어렵다. 전국 단위 환자를 확보하기 위해 온라인 광고와 마케팅 경쟁에 직접 나서야 하는 시대다. 병원도 이제 냉혹한 시장 경쟁에 내몰렸다.

병원의 몰락을 직접 겪다

병원 문을 처음 열던 날, 기대와 설렘이 가득했다. '좋은 진료와 성실한 운영만으로도 충분하다'고 확신했다. 하지만 종합병원으로 확장한 뒤 운영은 전혀 다른 차원의 일이었다.

확장은 본질적으로 힘들고 위험한 선택이었다. 여러 과를 새로 열고 인력을 늘리자 매출보다 먼저 비용이 폭발적으로 증가했다. 임대료, 인건비, 장비 리스료는 매달 빠져나갔지만 환자 수는 단기간에 늘지 않았다.

병원만이 아니라 대부분의 업종도 같은 함정에 빠진다. 규모가 커지면 수익도 늘어난다는 믿음은 위험한 착각이다. 초기 적자는 불가피했지만, 나는 버틸 자금력이 부족한 데다 손익분기점을 정확히 계산하지 못해 운영 자금은 곧 바닥을 드러냈다. 결국 기본 원칙을 무시한 대가를 혹독하게 치렀다.

환자 앞에서는 의사로서 침착함을 유지했지만, 머릿속에는 급여일,

세금 납부일, 보험 청구 입금일, 거래처 대금 지급일 같은 날짜들로 가득 차 있었다. 돈 걱정이 하루 종일 나를 짓눌렀다. 시간이 지나면서 은행의 연락은 단순한 확인 전화에서 "자금 사정이 괜찮은지"를 묻는 압박으로 변했다.

가족에게는 아무렇지 않은 듯 "별일 없다."라고 했지만, 속은 이미 무너져 내리고 있었다. 직원들 앞에서도 내색하지 않으려 했다. 급여일만큼은 반드시 지키겠다는 원칙이 있었기에, 자금이 부족하면 단기 대출을 받아서라도 지급일을 맞췄다. 하지만 나는 병원을 살릴 수 없다는 사실을 알고 있었다.

마침내 의료보험 청구금 입금이 지연되면서 자금 흐름이 완전히 막혔다. 결제 기한이 다가올 때마다 속이 뒤틀리고 목이 막히는 답답함이 몰려왔다. 불안은 하루 종일 몸속에 웅크렸다가 끝내 구토 증세로 나타나곤 했다. 생각은 점점 극단적인 방향으로 치달았다. '차라리 내가 사라지면 어떨까' 하는 위험한 생각이 스쳤다. 죽지는 않더라도 건강을 잃으면 잠시라도 모든 것을 멈출 수 있을 거라는 기묘한 기대까지 생겼다.

무조건 견디겠다는 마음으로 하루하루를 이어 갔지만, 혹독한 현실은 내 몸을 서서히 갉아먹었다. 식사와 수면은 엉망이었다. 피로는 끝도 없이 쌓였다. 기본적인 건강관리조차 하지 못했다. 심리적 압박은 중요한 결정을 오히려 미루게 만들었다. 미지급금 정리도, 내부 회의도, 구조조정도 계속 미뤄졌다. 하루를 미루면 잠시 편했지만, 다음 날의 짐은 배로 무거워졌다.

그사이 '조금 더 노력하면 괜찮아질 것'이라는 자기기만이 더 깊어졌다. 새 장비를 들이고, 광고비를 늘리고, 대출 한도를 확대하면 상황이 나아질 거라 스스로 믿었다. 하지만 그런 선택들이 오히려 위기를 키웠다.

자존심을 모두 내려놓고 돈을 빌리러 다녔다. 가족, 친지, 친구, 동료, 형편이 나은 동료 원장, 대학 은사님, 심지어 평소 껄끄럽던 사람에게까지 구걸하듯 도움을 청했다. 병원을 살리기 위해 할 수 있는 일이라면 무엇이든 했다.

은행 이자를 내지 못하는 날이 찾아왔고, 며칠 뒤에는 단 한 번도 어긴 적 없던 직원 급여마저 지급할 수 없었다. 그 순간 나는 돌아올 수 없는 강을 건넌 것이었다.

직원들에게 상황을 설명해야 했던 날의 기억은 지금도 생생하다. 거래처에는 결제 대금 지연을 알렸고, 은행에는 사정을 설명하며 이자와 상환 기일 조정을 요청했다. 하지만 급여를 받지 못한 직원들이 파업했다. 그들을 탓할 수 없었다. 나는 지금도 그들을 탓하지 않는다. 원장인 내 책임이 컸다. 결국 병원 문을 닫았다.

문을 닫은 뒤가 진짜 지옥이었다. 거래처만 80개였고, 두세 명씩 찾아온 곳도 있어 채권자는 100명을 넘었다. 하루에도 수십 명씩 만나야 했다. 멱살을 잡혔고, 온갖 욕설을 들었다. 신세 한탄하며 울부짖는 사람도 있었고, 고소를 하겠다고 소리치는 사람도 있었다. 하루하루가 전쟁이었다.

뒤늦게 변호사와 상의했을 때 그는 "한 2주 정도 잠적해라"고 말했다. 훗날 이유를 묻자, 혹시 내가 극단적인 선택을 할까 봐 그렇게 말했다고 털어놓았다. 하지만 그때 도망쳤다면 평생 다시 일어서지 못했을 것이다. 그 경험을 통해 어려운 상황일수록 자리를 지키며 대응해야 한다는 사실을 절실히 깨달았다.

진료만 잘하면 병원은 저절로 운영될 줄 알았다. 하지만 병원도 사업이고, 사업은 언제든 망할 수 있다. 병원이 문을 닫으면 환자 치료도 할 수 없다. 포기하지 말고 위기 속에서도 자기 자신을 지켜내야 한다. 병원이 건재해야 의사로서의 사명도 이어 갈 수 있다.

이 책을 읽는 분들은 작은 신호라도 놓치지 말고, 무너지기 전에 반드시 전문가의 도움을 청하길 바란다. 그래야 더 깊은 수렁에 빠지지 않고 위기를 넘길 수 있다. 설령 실패하더라도 다시 시작할 기회를 잡을 수 있다.

특혜는 끝났다.
병원도 사업이다

20년 전만 해도 병원은 안정적인 사업으로 여겨졌다. 의사 면허와 일정 자본, 기본 장비만 갖추면 별다른 마케팅 없이도 환자가 꾸준히 찾아왔다. 당시에는 의사와 전문 인력 모두 지금보다 훨씬 적었고, 지역 내 병원 수도 많지 않았다. 자리를 잡으면 곧 '동네 주치의'가 되었고, 환자들은 선택지가 거의 없어 가까운 병원을 단골로 삼았다.

그 시절 의료 시장은 폐쇄적이었다. 환자가 병원을 옮기는 일은 드물었고, 의료 서비스에 대한 정보도 제한적이어서 평판은 주로 지인 추천과 입소문에 의존했다. 한번 신뢰를 쌓으면 오래 유지됐고, 별도의 홍보 없이도 환자가 꾸준히 찾아왔다.

운영 환경도 지금보다 훨씬 여유로웠다. 고정비 부담이 적었고, 인건비와 임대료 비중도 낮았다. 수가와 비용 구조가 안정적이어서 일정 수준의 진료량만 유지해도 충분한 수익이 났다. 의료 행위 자체가 곧 경영의 전부였던 시기였다.

지금은 상황이 완전히 달라졌다. 의료 인프라는 빠르게 확충되고 의사와 병원 수가 크게 늘었다. 같은 상권에 같은 진료과 병원이 여러 곳 들어서는 일은 흔해졌고, 심지어 한 건물 안에서도 경쟁이 벌어진다. 환자는 더 이상 '가까운 병원'을 우선 기준으로 삼지 않는다. 진료의 질, 대기 시간, 서비스, 비용, 시설, 분위기까지 꼼꼼히 따져 고른다.

환자의 정보 접근성도 크게 높아졌다. 온라인 리뷰, 지역 커뮤니티, SNS를 통해 병원 평판이 실시간으로 형성된다. 신뢰는 쌓는 데 오랜 시간이 걸리지만, 무너지는 데는 하루면 충분하다. 부정적 경험은 빠르게 확산되고, 경쟁 병원의 적극적인 홍보와 맞물리며 환자의 마음은 쉽게 변한다. 마음이 떠나면 환자의 발걸음은 다른 병원으로 향한다.

병원이 누리던 독점적 지위가 약해지고, 병원 친화적이던 행정은 규제 중심으로 바뀌었다. 이런 변화가 병원을 압박했고, 경영이 어려워지면서 원장의 삶까지 뒤흔들었다. 예전에는 진료가 끝나면 지인을 만나거나 취미 활동을 하며 여유를 즐길 수 있었다. 하루 매출이나 다음 달 운영 자금을 두고 깊이 고민하지 않아도 됐다. 그러나 코로나 19 판데믹이 온 이후에는 진료를 마쳐도 머릿속이 복잡할 수밖에 없었다. 이번 달을 어떻게 버틸지, 다음 달을 어떻게 준비할지, 올해는 어떻게 살아남을지 걱정이 끝이 없었다. 마음은 무거웠지만 괴로워만 할 수는 없었다. 결국 무엇이든 해야겠다고 결심했고, 그 돌파구로 유튜브를 시작했다. 콘텐츠를 만들면서 자연스럽게 공부가 깊어졌다. 예전부터 내가 써 오던 치료법의 숨겨진 가치를 재발견했고, 이제는 더 확신을 갖고 사용한다. 현대 의학이 아직 명확히 규명하지 못한 영역까지 탐구해야겠다는 절실함이 생겼다.

내가 놓치거나 모르는 부분은 다른 의사들도 대체로 소홀히 한다. 그래서 그 빈틈을 더 깊이 파고들었다. 환자들에게 더 체계적이고 깊이 있는 설명을 할 수 있게 됐다. 지금은 진료가 끝나면 병원을 알리는 내용이나 의학 정보를 담은 콘텐츠를 찍으며, 더 나은 전달을 위해 노력한다. 새벽까지 새로운 주제를 연구하며 기술과 지식을 다듬는다. 이제 유튜브가 나의 두 번째 진료실이 되었다. 유튜브를 시작한 건 우연이었지만, 이제는 필연처럼 느껴진다.

다른 원장들도 이제는 의료 기술을 연마하는 것뿐 아니라, 병원 경영을 고민하고 생존 전략을 세우는 데 많은 시간을 쏟는다. 병원은 이제 환자를 치료하는 공간이자 스스로 살아남아야 하는 사업체다. 과거에는 국가가 의료 기관을 어느 정도 보호해 줘서, 의사가 진료에만 전념할 수 있었다. 그러나 지금은 시대가 변하면서 제도 역시 완전히 달라졌다. 병원이 스스로 경영을 책임져야 환자를 안정적으로 치료할 수 있는 시대가 왔다.

이제는 환자를 많이 보는 것만으로는 병원을 유지하기 어렵다. 인건비와 재료비는 끊임없이 오르는데 매출을 내기는 쉽지가 않아, 안정적인 수익 확보가 버겁다. 운영이 탄탄한 병원조차 수익이 보장되지 않는다. 대부분의 병원은 운영 과정에서 자본을 반복적으로 투입해야 한다.

결국 병원도 다른 업종과 본질적으로 다르지 않다. 차별화되고 매력적인 상품이나 서비스를 만들어야 한다. 환자가 어디서도 쉽게 접할 수 없는 가치를 제공하고, 그것을 합당한 가격으로 판매할 수 있어야만 살아남는다. 최근 병원이 어려워지면서 MRI 등 비보험 검사를 무리하게 저가 경쟁하는 경우가 늘고 있다. 그러나 이런 방식으로는 지속적으로 버틸 수 없다. 어려운 상황에서도 적정 가격을 유지해야 하며, 필요하다면 높은 가격으로 책정할 수 있어야 한다.

무엇보다 남들이 쉽게 따라올 수 없는 기술을 확보해야 한다. 하지만 의료 기술은 워낙 복잡해, 새로운 기술을 확보하기는커녕 기존 기술을 따라가기도 벅차다. 어렵게 독자적인 기술을 개발하더라도 진입 장벽이 낮으면 경쟁 병원이 곧 따라 한다. 예를 들어 신경성형술과 척추성형술은 처음에는 일부 병원에서만 시행했지만, 시술 난이도가 낮아 빠르게 퍼져 지금은 대부분의 병원에서 시행되는 흔한 시술이 됐다. 기술이 보편화되면 결국 가격 경쟁만 남는다.

나는 병원 경영이 점점 어려워지는 현실을 나중에야 깨달았다. 첫 개원 당시의 성공 경험을 그대로 믿은 채, 두 번째 병원도 같은 방식으로 운영했다. 그러나 개원 첫 달부터 환자 수는 기대에 못 미쳤고, 신규 환자보다 이탈이 더 많았다. 경쟁 병원은 편리한 예약 시스템, 주말 진료, 무료 주차 같은 부가 서비스로 환자를 끌어갔다. 환자를 상당 부분 빼앗기고 나서야 모든 병원이 잘되던 시절이 끝났음을 실감했다.

병원은 더 이상 보호막 속에 있지 않다. 환자를 치료하는 의료 기관

　　　　　　　　　　　　　사업의 90%는 실패한다

이자 고객 경험, 재무, 인력, 마케팅을 모두 챙겨야 하는 사업체다. 경쟁은 갈수록 치열해지고 있다. 의료 지식만으로는 병원을 지킬 수 없다. 경영 감각까지 함께 갖춰야 살아남는다.

3절

환자가 늘어도 수익은 줄어드는
불편한 진실

겉보기에는 환자가 늘면 수익도 함께 늘어날 것 같지만, 실제로는 그렇지 않다. 환자 한 명을 진료할 때마다 의사와 간호사의 인건비, 약품과 소모품, 건물 임대료, 장비 감가상각과 유지비, 전기와 수도 요금, 행정 인력의 급여까지 다양한 지출이 동시에 발생한다. 하지만 건강보험공단에서 받는 수가만으로는 이 모든 비용을 충당하기 어렵다. 현재 수가는 실제 원가와 큰 괴리가 있다. 환자 부담금과 공단 지급액을 합쳐도, 이익은커녕 원가에도 미치지 못한다.

30년 전만 해도 보험 수가만으로 병원 운영이 가능했다. 그러나 시간이 흐르며 수가는 점차 원가 이하로 떨어졌다. 부족분은 비급여 항목으로 메워야 했다. 건강검진, MRI, 도수 치료, 예방 접종, 미용, 교정 시술 등 환자가 전액 부담하는 비급여는 오랫동안 병원의 주요 보완 수단이었다.

하지만 최근 몇 년 사이 상황은 급격히 달라졌다. 비급여 항목이 감소했고, 가격 규제는 더욱 강화됐다. 남은 항목도 가격 공개 의무로 환자가 손쉽게 비교할 수 있게 되면서 경쟁은 한층 치열해졌다. 여기에 정부의 규제와 보험사의 견제까지 더해졌다. 새로 설계된 실손 보험은 상당수의 비급여 진료를 보장 대상에서 제외한다. 결국 비급여로 손실을 메우는 방식이 점차 효력을 잃어 가고 있으며, 환자에게 권유할 때도 예전보다 훨씬 조심스러워졌다. 비급여에 기대어 병원 운영이 가능했던 시절은 사실상 끝나 가고 있다.

지금은 보험 진료와 비급여 진료 모두에서 수익성이 악화되고 있다. 인건비, 임대료, 장비 유지비, 재료비 같은 고정비는 해마다 상승하고 있다. 그러나 그 부담을 상쇄할 방법은 점점 줄어든다. 나 역시 이런 압박 속에서 어렵게 병원을 운영하고 있다.

우리 병원은 환자 만족을 위해 진료 시간을 넉넉히 배정하고, 입원 환자에게 세면도구, 친환경 물통, 수건을 무료로 제공하며, 식사 품질도 최상으로 유지한다. 그러나 건강보험이 정한 환자식 수가는 실제 원가에 크게 못 미친다. 환자식은 적자를 많이 발생시키지만, 손해를 피하려면 먹기 힘든 수준의 밥을 제공해야 한다. 직원들도 이 식사를 함께 한다. 사람의 삶의 기본은 좋은 음식이다. 환자의 건강과 직원의 사기를 생각하면 식사 품질은 포기할 수 없다. 아무리 손실이 크더라도 마찬가지다. 하지만 실제로 많은 병원은 적자를 줄이기 위해 질 낮은 환자식과 직원 급식을 제공한다. 어찌 보면 경영 측면에서는 그 선택이 합리적일지 모른다. 매달 장부를 열 때마다 '이 방식을 언제까지 유지할 수 있을까'라는 의문이 든다.

매출은 늘어도 정작 이익은 줄어드는 구조는 병원만의 문제가 아니다. 고깃집이 대표적인 예다. 좋은 고기를 쓸수록, 정작 고기 판매만으로는 손해를 보거나 간신히 본전이다. 대신 술이나 사이드 메뉴에서 수익을 내야 한다.

경기도 오산의 한 해장국집은 전국적으로 손꼽히는 맛집이다. 고기와 해장국이 주력이며, 훌륭한 맛과 정갈한 음식으로 입소문이 났다. 그런데 이 주력 메뉴는 팔수록 손해가 나고 있다고 한다. 인건비와 재료비가 올라 마진이 사라졌기 때문이다. 한때는 고기로는 남는 게 없어도 술 판매로 부족분을 메울 수 있었다. 하지만 요즘은 손님들이 술을 덜 마시면서 적자가 누적되고 있다. 전체 손님 수는 줄지 않았지만, 수익 구조가 무너지면서 경영난이 심화되고 있다. 맛집이라도 안정적인 수익이 없으면 결국 문을 닫을 수밖에 없다. 이 집은 지금도 손님이 많다. 재료와 음식의 질을 포기하지 않겠다는 주인의 원칙은 여전하다. 그래서 적자를 줄이면서도 품질을 유지할 방법을 끊임없이 고민하고 있다고 한다.

내가 즐겨 가는 미국산 소고기 전문점이 있다. 고기 질이 뛰어나고 반찬과 찌개도 훌륭하다. 원가가 높아 고기와 식사만으로는 이익이 거의 남지 않는다. 이곳도 술에서 수익을 내야 하는데, 나는 술을 마시지 않고, 함께 가는 사람들도 대부분 음주를 하지 않는다. 게다가 훌륭한 메뉴와 맛에도 불구하고 갈 때마다 가게가 한산하다. 늘 따뜻한 환대를 받지만, 식사할 때마다 왠지 미안한 마음이 든다. 이름난 맛집조차 이런 상황이라면, 지금이 얼마나 힘든 혹독한 시기인지 실감할 수 있다.

유통업과 제조업의 사정도 다르지 않다. 일부 상품을 원가 이하로 판매해 고객을 끌어들이고, 다른 상품으로 손익을 맞춘다. 평소에는 운영이 가능하지만, 불황이나 소비 위축이 닥치면 곧바로 경영이 어려워진다. 병원에서 보험 진료는 바로 이 '원가 이하의 주력 상품'과 같다. 그렇다면 수익을 비급여 항목으로 확보해야 하는데, 과거에는 비급여로 부족분을 메웠지만, 이제 그마저도 쉽지 않다.

병원이 선택할 수 있는 길은 세 가지뿐이다. 수익성 높은 환자를 더 많이 보거나, 비용을 줄이거나, 새로운 수익원을 찾아야 한다. 그러나 세 가지 모두 말은 쉬워 보이지만 각기 다른 함정을 안고 있다. 환자를 무작정 늘리면 진료 질이 떨어져 만족도가 낮아지고, 비용 절감은 숙련 인력의 이탈로 이어지며, 새로운 수익원은 규제와 시장 한계에 막혀 지속되기 어렵다. 따라서 보험 수가 인상만을 마냥 기다릴 수는 없다. 병원이 살아남으려면 내부 효율성과 경쟁력을 높여야 한다. 진료 과정을 점검해 불필요한 낭비와 절차를 줄이고, 환자 대기 시간을 단축해야 한다. 재료와 장비 단가를 다시 협상하고, 지출 내역은 꼼꼼히 분석해 비용을 줄여야 한다. 동시에 새로운 지식을 습득하고 기술을 지속적으로 개발해야 한다.

무엇보다 환자의 신뢰를 지키는 일이 최우선이다. 진료 시간을 무리하게 줄이거나, 저가의 검사 장비를 사용하거나, 의료 재료의 품질을 낮추면 당장은 비용을 절감할 수 있다. 하지만 결국 환자가 떠나고 더 큰 손실로 이어진다. 반대로 대기 시간 단축이나 안내 개선처럼 환자가 체감할 수 있는 변화는 병원의 신뢰와 가치를 높인다.

오늘날 병원장은 환자를 치료하는 의사이자 동시에 조직을 운영하는 경영자다. 환자를 많이 봐도 손해만 커지는 구조를 바꾸지 않으면, 아무리 열심히 진료해도 병원의 미래는 없다. 환자를 존중하면서 효율을 높여야 한다. 그것만이 병원이 살아남을 유일한 길이다.

어려운 일임을 잘 안다. 그러나 그것이 우리가 가야 할 길이며, 유일한 돌파구다. 이제는 병원도 모든 영역에서 잘해야 수익이 나며, 최선을 다해도 살아남는다고 보장할 수 없다.

편법보다 정도가 오래간다

병원 경영이 어려워지면 가장 먼저 눈에 들어오는 길이 있다. 당장 매출을 끌어올릴 수 있는 '편법'이다. 여기서의 편법은 불법만을 뜻하지 않는다. 법과 제도를 이용해 환자의 이익보다 병원 수익을 앞세우는 방식도 포함된다. 불필요한 진료나 검사를 권유하거나 원치 않는 부가 서비스를 끼워 넣는 일이 흔하다. 고가 시술을 패키지로 묶어 시행하거나, 과대 광고와 무리한 할인 이벤트로 환자를 끌어모으는 것도 마찬가지다.

보험 진료 수익이 충분치 않고, 과거 병원의 숨통을 틔워 주던 비급여 영역마저 줄어드는 상황에서, 이런 방식은 불가피한 선택처럼 보인다. 매출은 줄어드는데 인건비, 임대료, 장비 유지비 같은 고정비는 매달 빠져나간다. 새로운 기술을 개발하거나 차별화된 서비스 모델을 만드는 것이 답이라는 사실은 알지만, 하루아침에 가능한 일은 아니다. 병원의 모든 역량을 수년간 쏟아부어도 성과를 내기 어렵다. 대안을 찾지 못한 채 재정 압박이 커지면, 위험을 알면서도 눈앞의 수익을 좇게 된다. 이것이 단기 수익의 함정이다.

실제로 이런 일은 의료 현장에서 자주 나타난다. 전문병원에서 MRI 촬영비를 50%까지 낮추며 대대적인 이벤트를 벌이는 사례가 대표적이다. 속사정을 들어 보면, 환자 유입은 분명 늘었다. 그러나 진료 수익은 개선되지 않았고 오히려 인건비와 소모품 비용, 감가상각비 부담으로 손실이 커졌다. MRI는 병원의 핵심 수익원이자 전문성의 상징이다. 그것을 헐값에 내주는 것은 재무적 손실을 넘어, 병원의 신뢰와 평판까지 훼손한다. 환자는 단순하지 않다. '싸게 찍어 주는 병원'이 더 나은 치료를 제공한다고 믿지 않는다. 따라서 잠시 진료 건수나 매출은 늘 수 있어도, 수익은 따라오지 않고 결국 신뢰와 전문성을 잃는다.

피부과의 사례도 다르지 않다. 레이저 시술 가격을 덤핑 수준으로 낮춘 어떤 병원은 단기간에 환자 수가 급증했다. 그러나 시술당 마진이 사라져, 환자가 늘어도 이익은 거의 없었다. 결국 인건비와 재료비조차 감당하기 어려워졌고, 직원들은 과중한 업무에 지쳐 이탈했다. 당연히 환자에게 제공하는 서비스의 질은 떨어졌다. 병원은 '싸게 해 주지만 서비스는 좋지 않은 곳'이라는 나쁜 이미지만 갖게 됐다. 할인 이벤트를 반복하면 그런 인식이 굳어져, 시간이 지날수록 경쟁력을 갉아먹는 독이 된다.

눈앞의 성과에 집착한 선택은 오래가지 못한다. 처음에는 의사의 전문성을 믿고 권유를 받아들이던 환자도 불필요한 진료였다는 것을

          사업의 90%는 실패한다

알면 다시는 찾지 않는다. 병원의 평판은 한 번 흔들리면 회복하기 어렵다.

법적 위험도 크다. 의료광고법과 건강보험 관련 규제는 해마다 강화되고 있다. 비급여를 부당하게 권유하거나 과장 광고를 하면, 단순 환불로 끝나지 않는다. 행정 처분, 자격 정지, 심하면 형사 처벌까지 이어질 수 있다. 이 문제로 적발되어 처벌받는 병원이 최근 꾸준히 늘고 있다.

무엇보다 내부 문화가 변질된다. 매출이 최우선이 되면 원장뿐만 아니라 직원들도 환자를 '건수'로 보게 된다. 병원의 정체성과 사명감마저 무너진다. 의료진과 직원의 결속력이 약해지고 이탈은 늘며, 서비스의 질은 떨어진다. 그런 병원은 위기를 극복할 역량이 없을 가능성이 높다. 기본기를 다지지 않고 당장의 매출만을 좇는 것은 병원을 무너뜨리는 지름길이다.

그렇다고 눈앞의 수익을 완전히 포기하기는 쉽지 않다. 매출 감소, 고정비 부담, 신규 환자 부진이 장기간 이어지면 경영자는 막다른 길에 몰린다. 머리로는 원칙을 알아도 눈앞의 위기를 막으려다 결국 잘못된 선택을 한다. 그래서 눈앞의 수익은 더 치명적이다.

반대로 원칙을 지키는 운영은 시간이 지날수록 진가를 드러낸다. 꼭 필요한 진료만 권유하고, 치료 효과와 부작용을 솔직히 설명하는 의사는, 결국 환자와 가족이나 지인의 추천으로 기반을 넓힌다. 규정을 준수하는 병원은 불시 점검이나 조사, 민원에도 흔들리지 않는다. 환자에게 진심을 다하는 병원은 시간이 갈수록 신뢰가 쌓이고, 그 신뢰가 새로운 기회를 불러온다.

물론 원칙만으로는 충분하지 않다. 철저한 재무 관리, 비용 효율화, 새로운 부가가치 창출이 필요하다. 환자 교육 프로그램, 맞춤형 건강 관리 서비스, 지역사회 협력 사업 같은 시도는 당장은 수익이 적더라도 환자와의 관계를 돈독히 하고, 장기적으로 병원의 가치를 높이는 투자다.

결국 병원은 훌륭한 가치를 창출해 환자가 기꺼이 정당한 대가를 지불하게 해야 한다. 단순히 좋은 기술이나 장비만으로는 부족하다. 신뢰, 진심, 일관된 품질, 꾸준한 소통이 뒷받침되어야 한다. 물론 쉽지 않다. 당장은 성과가 없고, 의미 있는 변화를 보려면 오랜 시간과 많은 노력이 필요하다. 그러나 그 과정을 견뎌 낸 병원만이 '값어치 있는 진료를 하는 곳'으로 인정받는다. 신뢰가 쌓이면, 환자는 가격이 아닌 믿음으로 병원을 선택한다.

다른 병원보다 뛰어난 기술이나 지식을 갖추는 것이 가장 큰 경쟁력이다. 하지만 의료는 이미 고도로 전문화되어 있다. 기존 전문가를 넘어설 만큼 혁신적 기술을 개발하거나 독창적 지식을 축적하는 일은 결코 쉽지 않다. 바로 그 어려운 길을 가야만 불황을 이겨낼 수 있다. 단순히 살아남는 데 그치지 않고 성장하려면 독보적 역량을 확보해야 한다. 선택이 아니라 필수다.

높이 올라가려면 무엇보다 탄탄한 기반이 필요하다. 편법을 쓰지 않

    사업의 90%는 실패한다

고, 무거운 짐을 직접 지고 한 걸음 한 걸음 우직하게 내디뎌야 한다.
편한 지름길은 좋은 결과도, 성장도 가져다주지 못한다. 결국 오랜 시
간 버티며 쌓아 올린 기반만이 진짜 경쟁력이 된다.

자본주의
파산

6장

파산은 자본주의의 안전장치다

사업 실패는 예외적인 일이 아니다. 안정의 상징이던 병원조차 최선을 다해도 문을 닫는다. 다른 업종은 말할 것도 없다. 지금 경기는 최악이다. 누구도 실패에서 자유롭지 않다.

많은 사람은 여전히 파산을 무능과 몰락의 상징으로 여긴다. 그러나 자본주의에서 파산이나 채무 조정은 단순한 면죄부가 아니다. 과도한 부채와 비효율을 정리하고 경제 시스템을 다시 건강하게 만드는 안전망이다. 시장은 끊임없는 진입과 퇴출 속에서 효율을 유지한다. 파산·회생 제도는 이 퇴출 과정을 무질서한 붕괴가 아닌 질서 있는 조정으로 바꾼다.

사업에는 누구도 피할 수 없는 구조적 한계와 외부 충격이 있다. 외환 위기, 팬데믹, 정책 변화 같은 거시적 사건은 개인의 역량과 무관하게 사업을 무너뜨린다. 제도적 안전망이 없다면 실패한 개인과 기업은 오랫동안 경제 활동에서 배제되고, 그 피해는 가족과 지역사회, 국가 경제로 번진다. 파산·회생 제도는 이런 손실을 줄이고, 실패한 주체가 다시 생산 활동에 복귀하도록 돕는다.

실패는 종말이 아니라 정리와 재배치의 과정이다. 자산과 채무를 투명하게 정리해 다시 경제 활동을 할 수 있게 돕는다. 동시에 시장의 안정성과 회복력을 강화한다.

따라서 시각을 전환해야 한다. 채무 조정은 무능의 증거가 아니라 문제를 정직하게 해결하고 새롭게 출발하기 위한 제도적 장치다. 무너짐을 몰락으로 볼 것이 아니라 재기의 출발점으로 인식해야 한다. 실패

를 재기의 기회로 보는 사회가 더 건강한 경제를 만든다. 파산은 끝이

아니라, 새로운 시작을 열어 주는 제도다.

망한 사람을 다시 살려야
경제가 산다

자본주의 시장에서 오래 버티기는 애초부터 쉽지 않다. 경쟁은 치열하고 변화는 빠르며, 기술과 트렌드는 끊임없이 바뀐다. 수많은 기업과 개인이 경쟁하지만, 소비자가 선택할 수 있는 곳은 한정되어 있다. 이런 환경에서 실패는 예외가 아니다. 시장의 자연스러운 순환 과정 중 하나다. 통계에 따르면 창업 후 5년 이상 버티는 기업은 절반에 못 미치고, 10년을 유지하는 곳은 10곳 중 1곳 정도에 불과하다. 경영 압박, 기술 변화, 경기 변동이라는 거센 파도는 누구에게나 닥친다.

문제는 무너지는 순간이 아니라 그 이후다. 한 번 쓰러진 사람을 경제 활동에서 완전히 배제하면 노동력, 창업 의지, 소비 능력 같은 생산 자원이 사장된다. 경제는 활력을 잃고 사회는 경직된다. 제도적 장치가 없으면 대부분 부채에서 벗어나지 못해 전락하고, 결국 정상적인 경제 활동에서 밀려난다. 그 여파는 가족, 동업자, 직원, 거래처로 확산되며 결국 지역과 국가 경제 전체를 흔든다. 한 사람의 몰락은 개인의 비극을 넘어 경제 전체의 손실이 된다.

재기의 통로가 없으면 공식 경제에서 밀려난 사람들은 지하경제로 내몰린다. 생계를 위해 비공식 경제나 불법 영역에 발을 들이게 된다. 이것은 개인의 문제가 아니라 치안, 복지, 조세 기반 전체를 흔드는 구조적 문제다. 실제로 채무 조정 제도가 부실한 나라일수록 지하 경제가 크고, 세금은 제대로 걷히지 않으며, 사회는 불안하다. 반대로 회복의 기회를 제공하는 사회는 다르다. 제도권 안에서 다시 도전할 수 있다. 그러면 범죄는 줄고, 복지 부담은 가벼워지며, 세금도 안정적으로 걷힌다.

따라서 부채를 정리해 주고 재기를 돕는 제도는 개인을 살리는 장치이자 사회 전체의 손실을 줄이는 안전망이다. 퇴출이 시장을 정화한다면, 복귀는 시장을 회복시킨다.

파산이 영구적 낙인이 되면 누구도 새로운 시도를 하지 않는다. 시장은 보수적으로 변하고, 모두가 안전한 선택만 한다. 결국 혁신의 동력은 약해진다. 반대로 실패 후에도 다시 시작할 수 있다는 확신이 있으면 더 많은 사람이 창업과 혁신 프로젝트에 나선다. 실리콘밸리가 혁신의 중심지가 된 것도 실패를 인정하고 재도전을 격려하는 문화 덕분이다.

나도 병원을 접으면서 그제야 채무 조정, 회생 절차, 면책 제도를 처음 알았다. 그때는 용어조차 낯설었고, 변호사 사무실과 법원을 오가는 과정이 몹시 두려웠다. 하지만 '제도권 안에서 다시 일어설 길이 있다'는 사실 하나가 내게 숨통을 틔워 주었다. 실제로 절차를 밟지는 않았지만, 그런 길이 있다는 것만으로도 마음을 다잡을 수 있었다.

다수의 연구와 통계는 부채를 정리한 사람들이 대체로 다시 사회에 건전하게 복귀한다는 사실을 보여 준다. 그들은 안정적인 직업을 얻거나 소규모 사업을 다시 시작하며, 세금을 내고, 소비하고, 생산 활동을 한다. 이런 회복은 개인을 넘어 사회 전체의 활력을 되살리는 과정이다. 반대로 복귀하지 못하면 당사자와 가족은 복지 수혜자로 남고, 사회적 비용은 커질 수밖에 없다.

그러나 다시 기회를 준다고 해서 모든 경우를 무조건 면책할 수는 없다. 채무 조정 장치는 성실했지만 불운했던 사람과, 고의로 부실을 초래한 사람을 명확히 구분해야 한다. 의도적 남용이나 악용은 엄정히 차단해야 제도가 신뢰를 얻고 지속될 수 있다.

성실하게 도전했으나 무너진 사람들에게는 신속하고 실질적인 도움을 줘야 한다. 단순히 빚을 탕감하는 데 그치지 말고, 실패 원인을 분석하며 재발 방지를 위한 교육과 지원을 병행해야 한다.

좌절한 사람을 영영 배제하는 사회는 결국 성장하지 못한다. 사업 실패는 경제 시스템의 자연스러운 일부다. 실패를 끝으로 만들지 말고, 다음 도전의 출발점으로 삼아야 한다. 무너진 사람을 다시 세우는 일은 동정이 아니라, 경제 공동체를 살리는 가장 현명한 선택이다.

사업의 90%는 실패한다

채무 해결과 재출발에 대한
인식 변화

채무에 대한 인식은 시대와 사회에 따라 크게 달라졌다. 과거에는 빚을 갚지 못하면 무능하거나 도덕적으로 결함이 있는 사람으로 낙인찍혔다. 동양에서는 집안 전체의 수치로 여겼고, 서양에서는 사회에서 배제하고 죄인으로 취급했다. 19세기까지만 해도 채무 불이행자는 감옥에 갇히거나 사회에서 추방되었으며, 기본적 권리마저 박탈당했다. 일부 국가는 일정 기간 투표권과 공직 출마 자격을 제한했다.

우리나라 역시 오랫동안 파산을 실패와 치욕으로 여겨 왔다. 지금도 파산이라는 단어 자체가 강한 낙인이 된다. 법적으로 파산 선고를 받은 사람은 복권되지 않은 경우 공무원 임용이나 금융권 취업에 제한을 받는다. 그러나 법원이 면책이나 복권을 결정하면 이런 제약은 해제된다. 일반 기업 취업은 법적으로 금지되지 않지만, 신용도 하락과 사회적 편견 때문에 실제로는 재취업이나 재창업이 어렵다. 제도적으로는 다시 출발할 길이 열려 있지만, 문화적, 심리적 장벽은 여전히 높다.

시간이 흐르면서 인식은 변했다. 20세기 후반, 특히 1990년대 이후 창업과 도전이 늘면서, 실패를 예외적 사건이 아니라 경제 활동의 일부로 받아들이기 시작했다. 오늘날 파산과 회생 절차는 낙인의 끝이 아니라, 재기의 길을 여는 제도적 장치로 자리 잡았다.

미국은 일찍부터 경제적 재기를 제도화한 나라다. 1978년 제정된 연방 파산법은 채무자의 권리를 명확히 규정했다. 특히 '챕터 11(Chapter 11)'은 기업이 청산 대신 법원의 감독 아래 부채를 조정하고 구조를 재편해 회생을 시도할 수 있도록 한 절차다. 개인도 파산 절차를 거치면 대부분의 부채가 탕감되고, 수년 내 신용 거래를 회복할 수 있다. 그래서 실리콘밸리에서는 창업자가 한두 번 실패해도 다시 투자받는 일이 흔하다. 실패한 사람을 낙인찍지 않고 '위험 관리 경험'이 있는 것으로 평가하며, 성실한 사람에게 여러 차례 기회를 주는 문화와 시스템이 자리 잡았다.

유럽의 변화는 상대적으로 더뎠다. 독일, 프랑스 등 대륙법계 국가는 오랫동안 채무 불이행자에게 강한 제재를 가해 왔다. 하지만 글로벌 경제의 복잡성 증대와 빈번한 금융 위기를 겪으면서, 개인의 재기를 돕는 사회 안전망 구축의 필요성이 대두되었다. 이에 독일은 1999년 개인 부채 정리 절차를 도입해 일정 기간 성실히 변제하면 잔여 채무를 면책받도록 했으며, 프랑스도 소규모 자영업자와 개인을 위한 간소화된 절차를 마련했다. 2019년 유럽연합은 '세컨드 찬스(Second Chance)' 지침을 시행해 성실한 채무자가 3년 이내에 사회로 복귀할

사업의 90%는 실패한다

수 있도록 절차를 단축했다.

북유럽 국가들은 복지 정책에 결합해 일찍부터 채무 조정과 사회 복귀 프로그램을 운영해 왔다. 개인의 경제적 재출발을 사회 전체의 안정과 회복을 위한 장치로 본 것이다.

아시아에서도 채무자 구제를 위한 변화가 조금씩 시작됐다. 일본은 2000년대 초 민사재생과 파산 절차를 대폭 개편했다. 채무자가 전 재산을 처분하지 않고도 최소한의 생활비를 보장받으면서 나머지 소득으로 부채를 조정할 수 있게 했다. 이로써 파산이 더 이상 삶의 전부를 잃는 것을 의미하지 않게 됐다.

대만은 소액 채무 조정 제도를 도입해, 비교적 적은 부채로도 생활 기반이 무너지는 사람들을 제도권 안으로 편입시켰다. 중국도 최근 기업가의 재도전을 지원하기 위해 시범 프로그램을 도입해 운영하기 시작했다. 아직 초기 단계지만, 단순한 청산이 아니라 재도전의 기회를 부여하겠다는 발상의 전환이 나타났다.

그러나 사회적 인식의 변화는 제도 개편의 속도를 따라가지 못한다. 특히 한국, 일본, 중국 같은 동아시아에서는 유교적 가치관과 집단주의 문화가 여전히 강하게 작동한다. 그래서 빚을 갚지 못하는 일이 단순한 개인의 문제를 넘어 가족 전체의 명예까지 흔드는 일로 받아들여진다. 이 때문에 제도가 마련되어 있어도, 신청을 주저하거나 '끝까지 버텨야 한다'는 심리로 상황을 더욱 악화시키는 경우가 많다. 나도 그랬다. 최선을 다했음에도 죄인이 된 것 같은 기분이 들었으며, 부끄러운 마음에 망했다는 말을 누구에게도 쉽게 하지 못했다.

한국은 IMF 외환위기 이후 채무자 보호 장치의 필요성이 본격적으로 제기됐다. 2004년 「채무자 회생 및 파산에 관한 법률」이 제정되면서 개인회생 절차가 도입됐고, 과도한 부채로 고통받는 개인이 제도권 안에서 회복할 수 있는 길이 열렸다. 이후 법원은 신청 절차를 간소화하고 취약 계층 지원을 강화하는 방향으로 제도를 꾸준히 개선했다. 최근에는 '신속 개인회생'을 도입해 단순 사건은 약 3개월 안에 처리할 수 있도록 했으며, 변제 기간도 원칙적으로 3년으로 단축했다. 소득이 낮거나 특별한 사정이 있는 경우에는 기간을 더 짧게 조정한다.

그러나 제도가 마련됐어도 현실의 벽은 높다. 우리 사회에는 여전히 파산을 개인의 실패이자 가족의 수치로 여기는 인식이 강해, 정작 필요한 사람들이 신청을 망설인다. 그 결과 더 일찍 절차를 밟았다면 피해를 줄일 수 있었을 이들이 끝까지 버티다 돌이킬 수 없는 피해를 입기도 한다.

전 세계의 공통된 흐름은, 실패한 사람들에게 기회를 주려는 방향이다. 채무 조정은 사업 실패를 경제 순환의 일부로 편입시켜 재기를 돕는 장치다. 물론 제도를 악용하는 사례도 있다. 미국은 '전략적 파산'에 대한 심사를 강화했고, 유럽과 일본 역시 재산 은닉이나 허위 진술에 엄격히 대응한다. 그러나 이런 제재는 성실한 사람에게 기회를 주는 제도의 본질을 해치지 않는 선에서 이뤄진다.

좋은 법률 조항이 있어도 제도의 성패에는 사회적 태도가 더 큰 영

　　　　　사업의 90%는 실패한다

향을 미친다. 같은 절차라도 어떤 사회에서는 재출발의 발판이 되지만, 다른 사회에서는 낙인으로 작용한다. 인식이 바뀌면 창업과 투자의 심리적 장벽이 낮아지고, 실패한 사업자들도 낙인을 두려워하지 않고 제도를 활용하게 된다. 불법 사금융 이용이나 지하경제 유입을 막고, 사회 복귀를 앞당기며, 복지 의존도를 줄여 세수 기반을 강화하는 효과로 이어진다.

　나 역시 병원을 운영하다가 실패를 겪으며 채무 조정 제도의 의미를 절실히 깨달았다. 만약 이런 제도가 없었다면 많은 사람이 재기할 기회조차 얻지 못했을 것이다. 파산·회생은 부끄러운 낙인이 아니라 재도전을 가능하게 하는 장치라는 인식이 확산되어야 한다. 좌절하지 말고 실패를 드러내 제도권 안에서 회복해야 한다.

개인과 사회를 살리는
파산·회생 제도

채무 조정과 회생 절차는 벼랑 끝에 선 개인을 붙잡는 마지막 수단처럼 보이지만, 실제로는 더 큰 공공적 가치가 있다. 경제의 효율을 높이고, 사회의 안정을 지키며, 국가 경쟁력을 강화한다.

부실 채무가 정리되지 않으면 채무자는 장기간 경제 활동에서 배제된다. 생산, 소비, 납세 능력이 모두 멈춘다. 그러나 회생 절차를 통해 부채가 정리되면 상황은 달라진다. 채무 부담이 완화되면 채무자는 다시 일터로 돌아가고, 소비와 납세 능력도 회복된다. 이런 변화가 축적되면 경제 순환 속도는 빨라진다.

회생 제도는 자원 재배치에도 기여한다. 지속 가능성이 낮은 사업은 정리하고, 경쟁력이 있는 사업에는 채무 조정으로 재기할 기회를 제공한다. 그 결과 자본과 인력이 생산성 높은 분야로 이동하며 전체 효율이 높아진다. 빚에 시달리던 소상공인이 회생 절차로 숨을 고른 뒤, 다시 가게를 열고 일자리를 창출하는 모습이 대표적이다. 개인의 재기는 단순한 생존을 넘어 사회 전체의 생산성 향상으로 이어진다.

파산·회생은 사회적 파급력도 크다. 구제 제도가 없거나 제대로 작동하지 않으면 채무자와 가족은 빈곤에 갇히고, 복지 의존도는 급증한다. 그 결과 국가 재정 부담이 가중되고, 세대 간 빈곤이 고착되며, 가족 붕괴와 지역 상권 침체가 발생한다. 반대로 채무 조정 제도가 제대로 작동하면 부채는 합법적으로 정리되고, 가정은 안정을 되찾으며, 지역사회는 활력을 얻는다. 이렇게 개인의 회복이 지역 경제의 선순환을 만든다.

파산·회생 제도 활용에는 심리적, 문화적 요인이 크게 작용한다. 한국 사회는 여전히 실패를 낙인으로 여기는 경향이 강하다. 많은 이들이 제도 이용을 주저하며 상황을 악화시킨다. 그러나 회생 절차는 실패를 재출발의 기회로 전환시킨다. '한 번 실패하면 끝이다'라는 두려움이 줄어들면 사람들은 도전할 용기를 얻는다. 창업과 혁신의 문턱은 낮아지고, 사회가 활기를 띤다. 실패를 경험으로 공유하는 문화와 이를 뒷받침하는 법적 장치가 함께할 때, 시장은 새로워지고 경제가 선순환한다.

금융시장의 안정에도 부채 정리 절차는 필수적이다. 부실 채무가 방치되면 금융 시스템은 불확실성에 흔들린다. 연체가 장기화되면 채권자는 회수 불능으로 손실을 떠안고, 금융기관은 신규 대출과 투자를 축소한다. 반대로 채무 조정 절차는 채권과 채무 관계를 정리해 불확실성을 줄이고, 회생 절차는 상환 계획을 체계적으로 관리해 채권자에게 예측 가능한 회수를 보장한다. 금융기관은 못 받을 돈을 손실 처리하고 장부를 정리한 뒤에야 대출과 투자를 재개할 수 있다. 파산·회생은 이 과정을 단축시켜 경색된 금융 흐름을 정상화하는 장치다.

나는 파산이나 회생 절차를 끝까지 가 보지는 않았다. 그러나 병원이 무너진 뒤 살아날 방도를 찾는 과정에서 그 필요성을 절실히 깨달았다. 법적 구제 절차는 단순히 빚을 정리하는 절차가 아니라 실패한 개인을 사회로 복귀시키는 안전망이다. 개인의 회복은 가족으로 이어지고, 궁극적으로 지역과 사회의 안정까지 지켜 낸다.

채무 조정은 실패를 지우는 것이 아니라, 재출발을 돕는 사회적 장치다. 이런 제도는 장기 실업과 사회적 고립을 줄이고, 지하경제로 밀려날 수 있는 사람들을 합법적 경제 활동으로 복귀시킨다. 지하경제 인력이 제도권으로 복귀하면 시장이 투명해지고, 신용불량자가 정상 거래자로 전환되면 신용 시스템이 건전해진다. 바로 이것이 채무 조정 제도의 핵심 가치다. 파산·회생은 개인에게 두 번째 기회를 줄 뿐 아니라 사회 전체의 지속 가능성도 높인다. 실패를 끝이 아닌 출발점으로 바꾸는 사회가 바로 건강한 자본주의다.

   사업의 90%는 실패한다

재기의 기회를
성공으로 이어 가려면

파산·회생 제도는 성실히 노력했지만 불운이나 환경 탓에 쓰러진 사람에게 다시 일어설 발판을 제공한다. 그러나 책임 없이 남용해도 되는 수단은 아니다. 법이 정한 요건과 절차를 따라야 하며, 무엇보다 성실한 태도가 입증되어야 기회가 주어진다. 이 제도의 목적은 최선을 다했음에도 좌절한 사람을 다시 일으켜 세우는 데 있다. 반대로 의도적으로 빚을 늘리거나 재산을 숨기는 사람은 어떤 보호도 받을 수 없다.

나도 파산 신청 자격이 되는지 검토하며 서류를 준비하고 요건을 확인한 경험이 있다. 그 과정에서 이 제도가 마지막 안전망임을 뼈저리게 깨달았다. 다행히 병원을 매각해 위기를 넘겼지만, 막연히 버티던 나는 더 깊은 수렁에 빠질 수도 있었다. 더 일찍 변호사를 선임했어야 했다. 상황이 심각했기에 그것이 고생과 손실을 줄일 가장 현실적인 방법이었다. 만약 상황이 조금만 더 꼬였다면 나중에는 전문가의 도움을 받아도 손쓸 방법조차 없었을 것이다. 파산 신청을 미루며 버티겠다는 고집은 결국 가족, 직원, 채권자 모두에게 더 큰 피해를 줄 뻔했다.

파산·회생 과정에서 투명성은 가장 중요한 원칙이다. 채무가 어떻게 발생했는지, 현재 보유한 재산과 부채가 얼마인지, 매달 자금의 흐름이 어떻게 되는지를 숨김없이 드러내야 한다. 감추거나 속이면 절차가 중단되거나 무효가 될 수 있다. 재산 은닉, 특정 채권자에 대한 편파 변제, 허위 서류 제출은 치명적이다. 법원은 사업상 거래 내역은 물론이고, 과거 10년간의 계좌 내역, 카드 사용, 부동산 매매, 가족 간 재산 이동까지 세밀히 들여다본다. 무언가를 은폐하려 해도 결국 흔적은 드러난다. 그때는 절차가 중단될 뿐 아니라 형사 처벌로 이어질 수도 있다. '조금만 속이는 건 괜찮겠지'라는 안일한 생각은 매우 위험하다.

신청 시기를 놓치지 않는 것도 중요하다. 이미 재산이 강제 집행되고 급여와 통장이 압류된 뒤라면 법적 보호 범위가 상당히 좁아진다. 나 역시 과거에 '조금만 더 버티면 어떻게든 되겠지'라는 희망으로 법적 절차를 미뤘다가, 상황이 악화되는 경험을 했다. 무리한 연명은 겉으로는 용기처럼 보이지만 실제로는 손실을 키운다. 법적 구제는 빠를수록 효과가 크고 늦을수록 실익이 없다.

변제 계획은 반드시 수치로 검증 가능해야 한다. 법원이 요구하는 것은 단순한 각오가 아니라 실현 가능한 계획이다. 소득과 지출, 부채 규모를 정확히 파악하고 이행 가능한 변제안을 제시해야 한다. '앞으로

    사업의 90%는 실패한다

소득이 늘 것이다'라는 막연한 기대나 일시적 행운에 의존한 계획은 설득력이 없다. 경기 변동, 질병, 소득 감소 등 변수를 감안해 보수적으로 설정해야 신뢰를 얻고 승인 가능성도 높아진다. '무조건 갚겠다'는 다짐보다 '이만큼은 지킬 수 있다'는 구체적 수치가 더 큰 힘을 발휘한다.

실제 파산·회생 절차는 비전문가가 혼자 진행하기 어렵다. 법률과 재무 문제가 복잡하게 얽혀 있기 때문이다. 변호사, 법률구조공단, 신용회복위원회 등의 도움을 받는 것이 현명하다. 상담에서 민감한 부분을 구체적으로 질문받으면 부끄러워 대답하기 어렵다. 그래도 재산과 채무 현황, 수입과 지출 구조, 채무 발생 경위를 정확히 밝혀야 적절한 전략을 세울 수 있다. 내 경험상 숨김없이 드러낼 때 비로소 출구가 열린다.

법적 채무 정리가 모든 문제를 해결해 주지는 않는다. 법은 빚을 탕감할 수는 있어도 무너진 신뢰는 회복시키지 못한다. 피해를 본 직원, 동업자, 가족의 상처는 시간이 지나야 아문다. 신뢰와 평판은 진정성 있는 태도와 책임 있는 행동으로만 다시 쌓을 수 있다. 면책을 받았더라도 도덕적 무게와 사회적 의무를 외면한다면 인간관계 속에서 다시 기회를 얻기는 어렵다.

파산·회생 절차를 잘 마무리한 채무자는 재기할 준비를 마친 사업가로 새 출발선에 설 수 있다. 서류를 하나하나 정리하는 과정에서 무엇을 바로잡아야 하는지가 점차 명확해진다. 같은 실수를 반복하지 않으려면 재무 습관을 개선하고 안정적인 소득원을 확보해야 한다. 장기 계획에 맞춰 수입과 지출 구조를 재설계해야 한다. 앞으로 어떤 업종에서 어떤 방식으로 일할지, 고정비와 변동비를 어디까지 감당할지, 위험 신호가 나타나면 언제 멈출지를 미리 정해 두는 것도 중요하다.

나는 경매로 넘어가기 전에 병원을 매각했다. 그래서 법원 절차까지는 가지 않았다. 그러나 최악에 대비해 재산과 채무를 정리하고 현실적인 변제 계획을 직접 세워 본 경험은 남았다. 그 과정에서 알게 된 것은 법적 구제가 자동으로 승인되는 것이 아니라는 점이다. 단순히 서류를 채우는 것을 넘어 두 가지 핵심 기준을 충족해야 한다. 재산과 채무의 투명한 공개와 실행 가능한 변제 계획이다.

생활비와 고정비, 미래 소득 변동까지 감안해도 지킬 수 있는 수치여야 한다. 현실적인 약속을 해야 신뢰가 생긴다.

파산·회생 신청은 같은 절차를 거쳐도 누구는 기각되고 누구는 인가된다. 면책을 받아도 누구는 그 기회를 발판 삼아 다시 일어서지만, 누구는 같은 자리에서 또 무너진다. 차이를 만드는 것은 준비의 깊이와 태도의 진정성이다.

나는 절차를 끝까지 밟지는 않았지만 준비 과정을 거치며 분명히 알게 되었다. 이 제도를 살아 있는 안전망으로 만드는 힘은 법 조문이나 절차 자체가 아니라, 그것을 대하는 사람의 정직함과 치밀한 준비에 달려 있다.

이 제도는 윤리성과 합법성을 기반으로 할 때만 제대로 작동한다. 모든 것을 투명하게 공개하고, 시기를 놓치지 않으며, 현실적인 계획을 세우고, 전문가의 도움으로 전략을 다듬어야 한다. 또한 재기 의지가 확고할 때 비로소 진정한 안전망이 된다. 파산·회생은 단순히 빚을 탕감해 주는 제도가 아니라, 넘어진 사람을 다시 일터와 사회로 복귀하게 하는 최소한의 다리다. 제도가 길을 열어도 다시 일어나 걷는 것은 결국 각자의 몫이다.

7장

다시 망하지 않기 위한 경영의 기술

채무 조정이나 회생은 실패한 개인이나 기업에게 재출발 기회를 제공한다. 그러나 법적 구제를 받았다고 해서 앞날이 보장되는 것은 아니다. 사업은 언제든 다시 불안정해질 수 있다. 사업 실패가 모두 개인 탓은 아니다. 시장 변화, 경기 침체, 제도적 한계 등 외부 변수는 누구에게나 닥치고, 막을 수도 없다. 통제 가능한 영역에서 실수를 반복하지 않으려면 재기 후 새로운 경영 원칙을 세워야 한다.

사업은 오래 버텨야 기술과 경영 노하우가 생긴다. 그래서 무엇보다 중요한 것은 '생존'이다. 망하지 않는 전략은 성공하는 전략과 다르다. 성공 전략이 상승을 추구한다면, 버티는 경영은 하락을 지연시켜 충격을 흡수하고 최악을 막는 방어 전략이다. 핵심은 단순한 절약이 아니라 위험을 관리하고 문제를 조기에 감지해 대응하는 능력이다.

시장은 빠르게 변하고 경쟁은 치열하다. 실패를 완전히 막을 수는 없지만, 그 확률을 낮추는 방법은 분명하다. 위험에 대응하는 역량을 키우고, 기술, 자본, 서비스의 균형을 유지하는 것이다.

　　　　　　　　사업의 90%는 실패한다

자본보다 강한 방어막, 기술력

사업이 오래 살아남으려면 가장 먼저 점검해야 할 것은 기술력이다. 자본과 마케팅도 중요하지만, 회사를 지켜 주는 핵심 방어막은 차별화된 전문성이다. 기술력은 물건을 만들거나 기계를 다루는 숙련도, 자격증 같은 가시적 실력만을 뜻하지 않는다. 제품을 최소 비용으로 효율적으로 생산하는 방법, 대량으로 신속하게 공급하는 운영 노하우, 차별화된 품질 관리, 그리고 이를 뒷받침하는 판매 체계와 데이터 자산까지 모두 포함한다.

자본은 빌릴 수 있고 마케팅은 흉내 낼 수 있다. 그러나 전문성과 노하우는 단기간에 따라잡을 수 없다. 수많은 시행착오, 고객 피드백, 조직 전체의 학습이 쌓여야만 얻을 수 있기 때문이다. 이런 핵심 역량이 회사의 가장 중요한 가치이자 진입장벽이다.

많은 창업자가 오랜 경력이나 자격증을 곧 경쟁력으로 여기지만, 그런 역량은 금세 복제된다. 더 큰 자본과 인력을 가진 경쟁자가 들어

오면 쉽게 따라잡히고, 더 저렴하고 좋은 대체재가 등장한다. 노하우와 차별성은 시장에서 검증되고 끊임없이 개선돼야 진정한 경쟁력이 된다.

나는 병원 경영을 하면서 경쟁력을 확보하고 유지하는 일이 얼마나 어려운지 뼈저리게 느꼈다. 최신 장비를 도입했지만 불과 1~2년 뒤 인근 병원들이 똑같이 따라왔다. 장비는 자본만 있으면 쉽게 복제됐다. 지역에서 내가 먼저 도입한 신경성형술, 척추 내시경 같은 비절개 시술도 주변 병원들이 곧 도입했다. 그러나 독창적이거나 난이도가 높은 수술 기법은 쉽게 모방되지 않았다.

대표적인 예는 내가 다년간 연구한 방아쇠손가락 관련 하키나이프 시술과 손목터널증후군을 해결하는 손목주름 분절감압술이다. 방아쇠손가락 수술은 일반적으로 손바닥을 절개하기 때문에 회복이 오래 걸리지만, 나는 절개 없는 방식으로 시술하여 통증과 흉터, 재발을 줄이고 빠른 회복을 가능하게 했다. 손목터널증후군 수술도 전통적 방식은 손바닥 절개로 통증이 크고 회복 기간이 길었지만, 나는 손목 주름 분절감압술로 재발률을 낮추고 회복을 앞당겼다. 이런 수술법은 장비만으로는 구현할 수 없고, 지식과 경험, 축적된 노하우가 뒷받침되어야 한다.

환자 대기 시간을 줄이고, 환자군별 설명 방식을 체계화한 운영 노하우도 마찬가지였다. 겉으로 드러나지 않지만 병원 시스템을 개선하는 힘이었다. 장비보다 기술, 프로세스, 서비스 운영이 훨씬 강력한 방어

     사업의 90%는 실패한다

막이었다. 경쟁력의 본질은 사람이 축적한 지식과 체계다. 지금도 그 때 확보한 기술과 시스템이 병원의 핵심 경쟁력으로 남아 있다.

차별성이 없으면 경쟁에서 버틸 방어막이 없다. 누구나 쉽게 익히고 따라 할 수 있는 방식은 금세 경쟁력을 잃는다. 예를 들어 카페의 핸드 드립 커피는 특별해 보이지만, 조금만 배우면 누구나 금세 일정 수준 에 도달한다. 그렇게 되면 오래된 가게와 새로 진입한 후발주자가 별 차이가 없다. 반면 독자적인 로스팅 방식이나 고객 데이터를 활용한 맞춤 추천 시스템은 단기간에 모방하기 어렵다. 이것이 진짜 방어막 이다.

의료도 예외가 아니다. 시술 기술이 아무리 뛰어나도 표준화된 절차 와 체계적인 데이터 관리가 뒷받침되지 않으면 금세 무너진다. 개인의 손기술만으로는 병원 경쟁력을 지탱할 수 없다. 차별성은 개별 기법 이 아니라 지속 가능한 구조로 자리 잡을 때 비로소 힘을 발휘한다.

하지만 차별성만으로는 충분하지 않다. 아무리 독창적이라도 고객 이 비용을 지불할 의사가 없으면 시장에서 살아남지 못한다. 고객이 직접 지갑을 열어야 진짜 검증이 이루어진다. 재구매율, 지불 의사, 추 천 가능성 같은 지표가 구체적 증거다. 반대로 무료 시연의 호평이나 지인의 칭찬은 착각을 불러일으킬 뿐, 제대로 된 평가라 할 수 없다. 출 시 전 평가가 아무리 좋아도 시장에서 인정받지 못하는 기술은 결국 사 라진다.

전문성은 시간이 지나면 빠르게 약화된다. 새로운 의료 시술은 몇 년 뒤 보편화되고, 소프트웨어는 1년만 지나도 구식이 된다. 새로운 방식이 등장하면 기존 기술은 금세 힘을 잃는다. 끊임없는 개선이 필요한 이유다. 고객 의견을 반영하고 최신 연구와 시장 동향을 접목하는 노력이 뒷받침돼야 한다. 평상시에는 조직 차원에서 학습을 멈추지 않는 분위기가 필요하고, 결정적인 순간에는 대표가 직접 방향을 잡고 과감히 투자해야 한다. 핵심 기술을 외부에 의존하면 금세 경쟁력이 떨어지고, 결국 회사를 지탱하는 뿌리가 약해진다.

법적 보호 장치도 필요하다. 특허, 상표, 저작권, 영업 비밀 관리 같은 장치가 없으면 핵심 인력이 단 한 번만 이탈해도 모든 노하우가 유출될 수 있다. 실제로 한 제조업체는 핵심 직원이 이직하면서 설계도와 제조 공정 매뉴얼을 경쟁사에 넘겨 큰 피해를 입었다. 뒤늦게 특허를 등록하고 접근 권한을 제한했지만, 손실은 이미 되돌릴 수 없었다.

사람이 곧 핵심 자산인 업종도 많다. 전문 인력의 설명 방식, 팀워크, 고객 관리 노하우는 중요한 자산이다. 매뉴얼로 남겨야 한다. 그래야 인력이 바뀌어도 동일한 품질의 서비스가 유지된다.

전문성은 사업의 엔진이다. 엔진이 부실하면 아무리 좋은 연료를 넣어도 오래 달릴 수 없다. 전문성에 대한 투자는 단기 수익을 높이지 못하지만, 장기적으로는 사업을 지켜 주는 가장 강력한 방어막이다. 생존의 열쇠는 결국 지속적으로 진화하는 기술력이다.

적정 자본과 가용 현금이 있어야 오래 버틴다

사업의 지속 가능성을 좌우하는 중요한 축은 자본이다. 기술이 엔진이라면 자금은 그 엔진을 움직이는 연료다. 연료가 부족하면 아무리 성능 좋은 자동차라도 멀리 가지 못하듯, 자금을 잘못 관리하면 유동성이 막히고 사업이 위태로워진다.

대부분의 창업자가 자본은 많을수록 좋다고 생각한다. 그러나 실제로는 단순히 많은 자본보다 감당 가능한 규모와 적절한 구조가 더 중요하다. 초기 자금이 지나치게 적으면 시작부터 현금 경색에 시달린다. 반대로 지나치게 많으면 불필요한 지출과 경계심 부족으로 이어지기 쉽다. 여유 자금이 있다고 검증되지 않은 확장이나 무리한 마케팅에 나섰다가 되돌릴 수 없는 손실을 입기도 한다.

사업을 지키려면 비상 자금이 필요하다. 매출 지연이나 예기치 못한 지출은 언제든 발생할 수 있다. 위기를 넘기려면 최소한의 현금을 확보해야 한다. 일반적으로 매달 나가는 비용의 3-6개월치, 변동성이 큰 업종이라면 6-12개월치를 준비해야 안전하다. 나는 몇 차례 실패를 겪으며 이 원칙이 얼마나 중요한지 알게 되었다. 병원을 운영할 때는 매출과 관계없이 나가는 임대료, 인건비, 재료비, 보험료, 이자 비용 등 고정비를 고려해 최소 3개월분을 확보해 두었다. 이런 완충 장치가 없으면 단기 매출 하락만으로도 유동성 위기에 빠진다.

현금 흐름을 지키려면 운영자금을 철저히 관리해야 한다. 재고 구입비, 미수금, 선지출 비용 등 사업에 묶여 있는 돈이 곧 운영자금이다. 매출이 늘면 운영자금도 함께 커지기 때문에 자금 부담도 커진다. 성장 속도에 맞춰 운영자금 규모를 조절하지 않으면 장부상 흑자라도 실제 현금 흐름은 적자로 돌아선다. 실제로 한 제조업체는 매출이 급증했지만 거래처 외상 비중이 높아 현금이 말라 버리는 성장형 유동성 위기를 겪었다. 매출 확대와 자금 회수 속도를 함께 관리하지 않으면, 매출이 늘수록 위험도 커진다.

위험을 통제하려면 손실 한도를 미리 정해야 한다. 모든 시도가 성공할 수는 없기에 "이 금액 이상은 잃지 않는다"는 선이 필요하다. 기준이 없으면 감정적으로 더 많은 자금을 투입하게 되고, 손실은 눈덩이처럼 불어난다. 나도 두 번째 병원을 운영할 때 이 원칙을 지키지 못해 큰 대가를 치렀다. 초기 적자를 메우려 자금을 계속 투입했지만, 매출 회복은 더뎌졌고 결국 재산과 신용을 모두 잃었다. 처음부터 손실 한도를 설정했다면 피해를 줄일 수 있었을 것이다.

자금을 조달할 때도 종류와 조건이 중요하다. 변동 금리는 금리 상승

　　　　　　　　사업의 90%는 실패한다

기에 부담을 급격히 늘리고, 단기 상환 구조는 유동성 압박을 가중시킨다. 고정 금리를 선택하고 상환 기간을 넉넉히 확보하며, 매출 흐름에 맞춘 계획을 세워야 한다. 이자율이 낮고 조건이 유리한 정책 금융이나 창업 자금 대출도 검토할 만하다. 항상 기준은 빌릴 수 있는 한도가 아니라 갚을 수 있는 한도여야 한다. 무리한 확장이 위험을 부르고, 철저한 통제가 생존을 지킨다.

퇴로 전략도 반드시 필요하다. 사업을 접어야 하는 상황이 오면 어떤 순서로 자산을 회수하고 채무를 정리할지, 계약 해지 시 발생할 위약금과 처분 가능한 자산을 어떻게 처리할지를 미리 시뮬레이션해야 한다. 준비가 없으면 위기 상황에서 감정적으로 결정을 내리게 되고, 회복은 더 어려워진다.

충분한 자금은 단순한 숫자 이상의 힘을 가진다. 여유 자금이 있으면 위기 상황에서도 냉정하게 의사 결정을 내릴 수 있다. 반대로 자금이 부족하면 좋은 기회도 놓치고 불리한 조건을 받아들일 수밖에 없다. 돈은 위기를 버틸 시간을 벌어 준다. 시간이 길수록 기술을 개선하고 시장 변화에 적응할 기회를 더 많이 확보할 수 있다.

기술이 뛰어나도 자금이 없으면 오래 버티지 못한다. 돈이 넉넉해도 기술이 부실하면 결국 사라진다. 자금은 관리하기에 따라 약이 되기도, 독이 되기도 한다. 잘 관리하면 사업을 지키지만 방치하면 위기를 키운다. 자금의 규모보다 중요한 것은 속도와 방향, 그리고 한계를 아는 것이다. 돈을 지킬 줄 아는 사람이 기회를 잡는다.

서비스가 핵심 경쟁력이다

기술과 자본이 아무리 탄탄해도 고객 경험이 만족스럽지 않으면 사업은 오래가지 않는다. 고객이 느끼는 모든 것이 곧 서비스다. 오늘날 시장에서는 제품 품질 못지않게 서비스 품질이 구매와 재방문을 좌우한다. 제품, 시설, 가격은 경쟁자가 쉽게 따라 할 수 있지만, 고객이 느끼는 친절한 응대와 배려는 복제하기 어렵다. 고객 경험이 사업의 장기 생존을 좌우하는 이유다.

핵심은 고객이 체감하는 가치다. 동일한 상품이라도 제공 방식에 따라 평가는 달라진다. 병원이라면 예약, 접수, 대기, 진료, 설명, 수납, 사후 관리까지 전 과정이 모두 서비스다. 커피 전문점이라면 커피 맛뿐 아니라 주문 편의성, 직원 태도, 매장 환경이 재방문 여부를 결정한다. 고객은 전 과정에서 만족하면 다시 찾지만, 한두 단계에서 불편을 겪으면 제품이 아무리 좋아도 발길을 끊는다.

신뢰받는 서비스를 만들려면 품질의 일관성이 필요하다. 직원마다 응대가 달라지기 쉽기 때문이다. 편차를 줄이려면 매뉴얼과 교육이 반드시 뒷받침돼야 한다. 나는 병원 운영 과정에서 인사 방법, 안내 문구, 환자 호명, 설명 자료 활용까지 담은 매뉴얼을 만들었다. 처음에는 직원들이 부담을 느꼈지만, 시간이 지나자 환자 불만이 줄고 만족도가 높아졌다. 이후에는 환자 요구와 부족한 부분을 반영한 의료진용 매뉴얼을 구축해 진료의 질을 높였다.

교육과 매뉴얼 개발은 한 번에 끝나지 않는다. 나는 신입 직원 교육 후 1개월, 3개월, 6개월 시점에 재교육과 평가를 진행했다. 또 매월 고객 의견을 분석해 개선 회의를 열었다. 주기적인 점검이 없으면 응대 품질은 시간이 갈수록 떨어진다.

고객 데이터 관리도 필수다. 불편을 느끼는 부분, 반복되는 질문, 원하는 개선 사항 등을 파악하고 기록하면 맞춤형 대응이 가능하다. 설문, 온라인 후기, 직접 대화 등 다양한 채널로 의견을 수집하고, 분석 결과는 매뉴얼에 즉시 반영해야 한다.

불만 처리도 중요하다. 완벽한 경험을 제공하기는 어렵다. 중요한 것은 문제가 생겼을 때의 대응 방식이다. 문제를 인정하고 진심으로 사과한 뒤, 상황을 파악해 해결 방법과 예상 소요 시간을 안내해야 한다. 조치 후에는 직접 연락해 결과를 확인해야 한다. 적절한 대응은 불만 고객을 충성 고객으로 바꾸는 계기가 된다.

서비스에는 반드시 차별점이 필요하다. 가격만으로 경쟁하면 한계가 분명하다. 병원이라면 수준 높은 의술과 맞춤 진료, 제조업이라면

정확한 납기와 품질, 소매업이라면 특별한 매장 경험이나 세심한 배송
이 핵심이다. 고객이 "이곳만의 특별함"을 느낄 때 비로소 진짜 경쟁력
이 된다.

고객 응대를 비용으로만 계산하면 놓치는 게 많다. 좋은 경험을 한
사람들은 다시 찾고, 주변에 이야기한다. 신규 고객을 유치하는 데는
큰 비용이 들지만, 기존 고객을 유지하는 비용은 훨씬 적다. 서비스를
신뢰하게 된 고객은 가격이 다소 높거나 거리가 멀어도 계속 찾아온다.

친절한 응대는 하루아침에 만들어지지 않는다. 꾸준히 노력해야 한
다. 한번 형성된 신뢰는 경기 불황이나 경쟁 심화 속에서도 쉽게 무너
지지 않는다.

아무리 뛰어난 기술과 넉넉한 자본이 있어도 고객을 만족시키지 못
하면 소용없다. 실력이 있어도 응대가 부실하면 고객은 떠난다. 반대
로 서비스가 좋으면 부족한 부분이 있어도 고객은 기꺼이 감수한다.
고객 경험이 사업의 기반을 완성한다. 기술, 자금, 서비스가 균형을 이
룰 때 사업은 지속 가능한 성장을 이룬다.

꼼꼼한 기록은
위기를 넘기는 최고의 방패다

아무리 뛰어난 기술, 충분한 자본, 차별화된 서비스를 갖추고 있어도 기록이 부실하면 사업은 순식간에 흔들릴 수 있다. 위기가 닥칠 때 손실을 줄이고 빠르게 회복하는 힘은 꼼꼼한 기록과 체계적 관리에서 나온다. 기록 한 줄이 기업의 생사를 좌우할 수도 있다.

운영 기록 중에서도 금전 거래와 계약 사항은 특히 중요하다. 계약서, 합의서, 세금계산서, 송금 내역, 영수증 등은 정확히 확인하고 디지털과 종이로 중복해서 보관해야 한다. 구두 합의나 소액 거래라고 해서 기록하지 않으면 결국 큰 위험으로 돌아온다. 기록을 철저히 남겨야 한다. 사업이 잘될 때는 문제없어 보이지만, 분쟁이 발생하면 입증을 해야 하기 때문이다. 증빙이 없으면 돈이나 물건을 주거나 받은 적이 없는 것이 된다.

나는 종합병원 신축 당시 원칙을 지키지 않아 큰 대가를 치렀다. 건설사에 여러 차례 큰 금액을 송금했지만, 금액과 날짜를 별도로 정리하지 않았다. '이 정도는 당연히 기억하겠지'라는 안일함이 화근이었다. 계약서에는 총액만 적혀 있었고, 송금 내역은 여러 계좌와 시점에 흩어져 있었다. 현금 지급분은 증빙이 없어 결국 상대방의 주장을 수용할 수밖에 없었다. 송금 내역표나 현금영수증만 있었어도 대응 시간과 손실을 줄일 수 있었다.

그 경험 이후로는 모든 변동과 사건에 반드시 증거를 남겼다. 이메일, 문자, 회의록, 합의서, 송금 내역을 날짜와 항목별로 정리하고, 사건별 폴더를 만들어 체계적으로 보관했다. 분쟁으로 이어질 것 같지 않던 일도 금전이 개입되면 상황은 달라졌다. 평소 우호적이던 사람도 이해관계가 걸리면 태도가 돌변했다. 내가 당한 사기나 공격 가운데 상당수는 오래 알고 지낸 사람이나, 짧게 알았어도 깊이 신뢰했던 사람이 저지른 것이었다. 기억은 시간이 지나면 부정확해지고, 믿는 사람도 상황이 바뀌면 거짓말하거나 배신할 수 있다. 그래서 기록은 반드시 남긴다는 원칙을 세웠다.

친한 사이에 정식 계약서나 현금 수령증을 요구하는 일은 불편하게 느껴질 수 있다. 그러나 최소한 거래 메모와 확인서는 남겨야 한다. 이메일, 문자, 메신저 대화도 법적 증거가 될 수 있으므로 반드시 보존하고 백업해야 한다. 대화가 끝나면 상대방에게 논의 내용을 정리해 보내고 확인 회신을 받아 두어야 한다. 큰 위기를 막으려면 이처럼 작은 불편을 감수하고 습관을 들여야 한다.

자금 흐름은 더욱 꼼꼼하게 기록해야 한다. 주문서, 납품서, 세금계

    사업의 90%는 실패한다

산서가 서로 일치하는지 매달 확인하고, 월말에는 은행 잔액과 장부를 반드시 대조해야 한다. 수치 불일치는 명확한 위험 신호다. 작은 금액이라도 오류가 6개월 누적되면 큰 손실이 된다. 초기에 발견하면 간단히 해결할 수 있지만, 방치하면 막대한 손실로 이어진다. 작은 오류를 바로잡는 습관이 큰 위기를 막는다.

날짜 관리는 기록에서 빼놓을 수 없다. 거래 일시, 입금 날짜, 합의 시점을 정확히 기록해야 증거 능력을 확보할 수 있다. 계약 관리에서도 날짜는 중요하다. 나는 자동 갱신 계약을 놓쳐 불필요한 손해를 본 경험이 있다. 그 후 모든 핵심 계약의 갱신일이나 해지일에 휴대폰 알림이 울리도록 설정했다. 단순한 습관이지만 효과적인 예방책이다.

위험 관리도 필수다. 위험 관리는 미래를 예측하는 일이 아니라 대비하는 일이다. 특별한 비법은 없다. 기본을 지키고, 예상치 못한 상황에 대비하는 것이 전부다. 집중된 리스크를 분산하고 현금 흐름을 관리해야 한다. 매출이 특정 거래처에 편중돼 있다면 그 거래처의 위기가 곧 내 위기다. 공급을 한 업체에 의존한다면 반드시 대체 공급처를 확보해야 한다. 매주, 매달 현금 흐름표를 작성해 현금 부족 시점을 미리 확인하고 대응하는 것도 필수다.

장부상 흑자여도 현금 부족으로 문을 닫는 경우가 많다. 납품 대금 지연이나 단가 후려치기 같은 불공정 거래가 만연한 환경에서는 아무리 대비해도 한계가 있다. 그런 구조적 문제를 제외하면, 대부분은 기본을 지키지 않아서 문제가 생긴다.

법적 리스크 예방 역시 기록의 영역이다. 세금 신고 누락, 인허가 조건 위반, 고용 계약 문제는 사소한 실수라도 사업 존속을 위협한다. 의료기관이라면 임상기록 관리가 특히 중요하다. 설명과 동의 과정은 반드시 서면으로 남겨야 하며, 당일 작성한 기록일수록 신뢰도가 높다. 변호사, 회계사, 세무사 자문 비용은 낭비가 아니라 큰 손실을 막는 투자다. 정기적인 점검은 작은 실수를 초기에 바로잡고, 예상치 못한 분쟁을 예방하는 가장 확실한 장치다.

분쟁이 예상되면 증거 목록을 시간순으로 정리해야 한다. 이메일, 문자, 계약서, 사진, 기록 등을 날짜순으로 모으고, 누락된 자료가 없는지 점검한다. 감정과 의견은 빼고 '누가, 언제, 무엇을, 어디서, 어떻게'만 기록하는 것이 원칙이다. 이렇게 정리된 문서는 변호사나 보험사에 제출할 최초의 설명 자료가 된다. 기록은 법적 분쟁에서 최고의 방패이자 무기다.

보험은 리스크 관리의 마지막 울타리다. 의료배상책임, 화재, 도난, 영업중단 등 업종에 맞는 보험을 갖추고, 매년 보장 범위와 한도를 점검해야 한다. 시설 변경이나 신규 서비스를 시작할 때는 약관을 반드시 확인해야 한다.

기록은 습관이 되어야 한다. 나는 지금도 하루를 마무리할 때 주요 의사결정과 사건을 5분 정도 간단히 정리한다. 주간 회의에서는 문제 사례를 검토하고, 월간 회의에서는 계약, 재무, 품질 관련 위험요소를 점검한다. 내 회의록에는 책임자, 기한, 결과물을 빠짐없이 적는다. 나

사업의 90%는 실패한다

중에 정리하겠다는 생각이야말로 가장 위험하다. 미루다 잊어버리는 경우가 많기 때문이다. 기록만 있었다면 피하거나 손쉽게 이길 수 있었던 분쟁이 여러 번 있었다.

기록은 사실을 보존하고 협상이나 분쟁을 신속히 해결하는 도구다. 작성할 때는 감정을 배제하고 사실과 의견을 명확히 구분해야 한다. "상대가 불성실했다"는 식의 두리뭉실한 주관적 기록은 의미 없다. 대신 "4월 10일, 17일, 24일 세 차례 기한 연장을 요청받았고, 5월 1일 납품이 지연됐다"처럼 객관적 사실을 남겨야 한다. 이렇게 해야 관계를 해치지 않으면서도 자신을 지킬 수 있다.

기록은 거창할 필요가 없다. 지금 당장 할 수 있는 일부터 시작하면 된다. 오늘 중요했던 통화를 메모하고, 이번 주의 현금 흐름을 정리하며, 다음 달에 만료되는 계약을 확인해 보는 것이다. 완벽한 기록 시스템을 갖추려다 시작조차 못 하는 것보다, 수첩이나 휴대폰에라도 꾸준히 남기는 편이 낫다. 기록은 선택 사항이 아니라 필수 생존 전략이다. 기억은 증거가 되지 못하므로, 지금 기록하지 않으면 나중에 증명할 방법이 없다.

8장

현명하게 실패하고, 제대로 재기하는 법

나는 부도 직후 채권자 명단을 정리했다. 금융기관, 리스 업체, 약도 매상, 소모품 납품 업체, 청소 용역 업체 등 무려 80곳에 달하는 곳이 계약을 맺고 있었다. 숫자만 봐도 숨이 막혔다. 하루에 20곳씩 만나기로 했다. 약속을 어긴 쪽은 나였기에, 고개를 숙여 사정을 설명하며 기다려 달라고 부탁했다. 병원 매각을 위해 브로커, 투자자, 의사 등 30명이 넘는 사람을 만났고, 매수자를 찾는 데만 꼬박 6개월이 걸렸다.

종합병원 매각 직후, 나에게 병원을 인수하라는 제안이 들어왔다. 몇 년 전부터 매물로 나와 있던 만성 적자 의료법인 병원이었다. 여러 곳에서 관심을 보여 분석은 했지만, 상태가 워낙 좋지 않아 아무도 인수하지 않았다. 지금 생각하면 무모한 도박이었지만, 나는 그 병원을 인수하기로 했다. 막대한 빚을 떠안고 장기간에 걸쳐 투자금을 돌려주는 조건이었지만, 당시의 나는 투자금 없이 다시 병원을 할 수 있다는 장점만 보았다. 전 직원이 온 힘을 다한 덕에 불과 두 달 만에 흑자로 전환되었다. 그러나 이중매매 사기로 모든 것을 잃었다. 이사장 변경에 수개월이 필요하다는 점을 악용한 것이었다. 세 번째 실패 앞에서 "나는 병원을 운영하면 안 되는 사람인가?" 하는 생각이 들었다.

그 뒤 친한 후배가 운영하는 병원에서 봉직의로 일했다. 다시 진료할 수 있다는 사실만으로도 감사했다. 낮에는 환자를 보고, 저녁과 주말에는 운동했다. 단순하고 반복적인 일상이 마음을 편하게 했다. 거창한 계획도, 빨리 회복해야 한다는 부담도 없었다. 하루하루를 성실히 살다 보니 다시 일어설 힘이 생겼다.

넘어지지 않는 사업가는 없다. 중요한 것은 '다시 일어설 수 있느냐'
다. 실패 직후가 가장 위험하다. 판단력을 잃기 쉬운 시기이기 때문이
다. 감정에 휘둘려 잘못된 결정을 반복하면 더 깊은 수렁에 빠진다. 실
제로 많은 사업가가 어려울 때 무리한 재투자나 도박성 결정을 내려 결
국 재기불능 상태에 빠졌다. 실패는 운의 영향이 크지만, 다시 일어서
는 과정은 전적으로 계획과 선택의 문제다.

재기는 거창한 일을 단번에 해내는 것이 아니다. 오늘 할 일을 하고,
내일을 준비하며 한 걸음씩 전진하는 일이다. 가장 힘들었던 그때가
오히려 나를 단단하게 만든 시간이었다. 무너진 자리에서 다시 시작하
는 법을 배웠다.

1절

망했을 때 먼저 할 일

병원이 무너지기 직전에는 너무 많은 일이 한꺼번에 터졌다. 어디서부터 손을 대야 할지 막막했다. 대책 없이 시간만 흘러갔다. 어떻게 행동해야 할지 미리 준비해 둔 바가 없었기 때문이다. 병원이 이미 한계에 이른 줄 알면서도 남은 비상금을 모두 쏟아부었고, 최악의 상황에 대비한 준비는 하지 않았다. 최소한의 생활비도, 나를 위한 탈출구도 남기지 않았다. 사업기록은 허술했고, 중요한 일의 순서가 뒤엉켜 있었다.

극도의 혼란 속에서 내린 결정은 순서를 더 꼬이게 했고, 핵심이 아닌 일부터 손대게 만들었다. 지킬 수 있었던 부분마저 잃었다. 병원이 무너질 때 나는 급한 일과 중요한 일을 구분하지 못했다. 그 결과 나와 가족의 생존을 위한 최소한의 안전장치도 마련하지 못했다.

결국 문을 닫던 날, 텅 빈 접수대와 꺼진 전광판 앞에 서서 '이제 진짜 끝이구나' 싶었다. 이미 모든 것이 멈춘 뒤에는 손쓸 수 있는 것이 없었다. 무너진 직후 머릿속은 혼란스러웠다. '지금 무엇부터 해야 하지?', '누구에게 먼저 연락해야 하지?', '자금 위기는 어떻게 막지?' 질문이 한꺼번에 몰려왔다. 머리도 몸도 굳어 아무것도 할 수 없었다.

부도가 확실해진 상황에서는 재기를 생각하기 전에 추가 손실을 막아야 한다. 피해를 최소화하지 않으면 재기는 훨씬 어려워진다. 나는 이 단순한 원칙을 뼈아프게 배웠다.

광고비, 신규 계약, 불필요한 구독 서비스, 활용도가 낮은 설비 임대료는 즉시 중단했어야 했다. 그러나 이 구분을 제대로 하지 못해 손실이 더 커졌다. 반대로 법적 의무는 기한 안에 반드시 이행해야 한다. 이들은 형사책임과 직결되고 파산 면책으로도 탕감되지 않기 때문이다. 이 기준을 분명히 하지 못하면 뒤늦게 더 큰 손실과 부채를 떠안게 된다. 다행히 나는 포괄양수도 방식으로 매각해 책임도 빚도 남기지 않았다.

채무가 많을 때는 지급의 우선순위를 정하는 일이 무엇보다 중요하다. 모든 채무를 동시에 갚는 것은 사실상 불가능하다. 당시에는 아무것도 몰랐지만 형사처벌만은 피하고 싶었다. 특히 임금, 세금, 4대 보험료, 과태료 체납은 단순한 채무가 아니라 위반 시 처벌받는 법적 의무다. 지키지 않으면 민사상 채무 불이행을 넘어 행정처분과 법적 제재로 이어진다. 반대로 거래대금이나 개인 간 사적 채무는 협상의 여지가 있다. 사정을 솔직히 설명하고 기한 연장을 요청하면 의외로 채권자가 양해해 주는 경우가 많다.

채권자와의 대화는 두렵고 하기 싫다. 그렇더라도 피해서는 안 된다. 그들 역시 내 실패의 피해자다. 나는 도망치지 않았다. 오히려 먼저 전화를 걸어 채권자들을 한자리에 불러 모았다. 강당에 모여든 백여 명의 시선이 나를 압도했다. 모두 말없이 앉아 있었고, 대부분은 서류 봉투를 손에 꼭 쥐고 있었다. 나는 마이크를 잡고 숨을 깊게 고른 뒤 입을 열었다.

"정말 죄송합니다. 최선을 다했지만 결국 문을 닫게 되었습니다. 다행히 병원 부동산 가치는 약 300억 원이고, 총부채는 230억 원입니다. 신속히 매각해 채무를 모두 갚겠습니다. 저는 한 푼도 남기지 않겠습니다. 최대한 빨리 해결하겠습니다."

진행 상황도 숨기지 않았다.

"현재 재력 있는 투자자 세 명과 협상 중이며, 병원 인수를 검토하는 의료재단과도 면담을 진행하고 있습니다."

구체적인 자산과 절차, 일정을 공개하자 대부분의 채권자가 기다려 주겠다고 했다. 만약 그때 연락을 피했다면 '도망갔다'는 배신감과 낙인만 남고, 협상은 완전히 끊겼을 것이다.

채권자와 대화할 때의 원칙은 단순하다. 사실만 말하고, 추측이나 변명은 배제하며, 실행 가능한 약속만 한다. 나는 지킬 수 있는 것만을 약속했다. 그리고 다음 연락 시점을 명확히 정했다. 이런 태도가 쌓이면서 불신이 줄고 대화가 가능해졌다.

정리 가능한 계약부터 해지해야 했다. MRI와 CT 같은 대형 장비 리

   사업의 90%는 실패한다

스, 소모품 납품, 청소용역 계약까지 사정을 설명하고 종료를 통보했다. 통보한다고 계약이 바로 끝나는 것은 아니었지만, 업체도 알아야 대책을 세울 수 있기 때문이었다.

자료와 기록을 정리하는 일도 중요했다. 문을 닫은 직후에는 무엇부터 손대야 할지 막막했다. 이럴 때는 자금과 부채 전체 상황을 한눈에 파악해야 대응할 수 있다. 나는 부채 목록, 연락처 목록, 서류 목록을 각각 묶어 파일로 만들었다. 이번 달과 다음 달의 주요 일정, 반드시 연락해야 할 사람과 기관, 필수 계약과 회계서류를 한눈에 확인할 수 있도록 정리했다. 대화가 끝나면 간단히 메모를 남겼다. 사업과 관련된 이메일, 문자, 메신저 대화까지 모두 백업했다. 소 잃고 외양간을 고치는 격이었지만, 늦었더라도 그렇게 해야만 같은 실수를 반복하지 않는다. 이런 습관은 채권을 정리할 때 큰 도움이 되었고, 예상치 못한 소송이 들어왔을 때 나를 지켜 주는 확실한 방패가 되었다.

망하더라도 나와 가족의 생활 기반을 지키는 일은 무엇보다 중요하다. 가정이 무너지면 사업을 다시 시작할 힘조차 남지 않는다. 가족이 생활할 집과 기본적인 생활비, 최소한의 자원은 반드시 확보해야 한다. 그러나 나는 이 원칙을 무시하고 보험, 예금, 주식, 집까지 모두 처분해 사업에 쏟아부었다. 그 결과 사업과 함께 생활도 무너졌고, 그제야 끝까지 지켜야 할 것이 무엇인지 깨달았다.

망했을 때는 하루를 버티는 것이 우선이다. 위기 상황에서는 장기 계획보다 즉각적인 대응이 필요하다. 짧고 확실한 행동을 쌓아 가야 방향이 다시 선다. 돌이켜 보면 그 시기에 해야 할 일은 분명했다. 치명적 손실을 막고, 재기를 위한 최소한의 기반을 지키는 것이었다. 이 두 가지가 해결되지 않으면 다음은 없다.

위기에는 빠르고 정확하게 대응해야 한다. 올바른 행동은 객관적 판단과 분명한 계획에서 나온다. '완전히 망했다'고 인정한 날, 그날부터 나는 진짜 사업가가 되었다.

　　　　　　　　　　　　　사업의 90%는 실패한다

망했을 때 반드시 피해야 할 일

사업이 무너진 직후 사람들은 본능적으로 모든 상황을 되돌리려 한다. 그러나 그 시기에는 평정심을 잃기 쉽다. 감정이 앞서면 판단이 흐려지고, 선택은 대개 나쁜 결과로 이어진다. 그래서 해야 할 일보다 하지 말아야 할 일을 아는 것이 더 중요하다. 무너진 사업 구조를 개선하지 않은 채 돈만 더 투입하는 것이 얼마나 위험한지, 나는 뼈저리게 느꼈다. 대출로 자금을 조달하면 잠시 숨통이 트이는 듯 보인다. 그러나 구조적 문제가 해결되지 않은 상태에서 자금을 쏟아붓는다면, 부채는 눈덩이처럼 불어나고 상황은 더욱 악화된다.

위기가 닥쳤을 때, '이번만 넘기면 된다'는 생각으로 단기 고금리 대출을 받았다. 한 달만 버티면 현금흐름이 좋아질 것이라고 믿었지만, 결과는 정반대였다. 매달 빠져나가는 이자가 새로운 고정비용으로 굳어졌다. 그 결정은 병원 운영에 부담을 가중시켰다.

고금리 대출, 카드론, 사채성 자금은 위험을 걷잡을 수 없이 키운다.

나도 이런 자금에 손을 댔다. 긴급 자금을 투입하기 전에, 사업이 현 상태에서 유지 가능한지부터 냉정히 따져야 한다. 정말 망할 것 같을 때는 '더 벌 방법'을 찾기보다 '덜 잃을 방법'을 찾는 편이 훨씬 현명하다. 그래야 다음 기회가 열린다.

재산을 은닉하거나 편파 변제하는 행위는 치명적인 실수다. 망한 상황이라고 양해 받을 것이라 믿는 것은 착각이다. 고의적 은닉이나 편파 변제는 면책 불허, 형사처벌, 손해배상 청구로 이어진다. 파산·회생 절차에 들어가면 이런 행위는 반드시 드러난다. '가족이니까 괜찮겠지'라는 생각이 특히 위험하다. 거래처 중 사정이 딱한 곳에 먼저 변제했다고 변명해도, 법원은 참작하지 않는다. 법원과 채권자는 재산 이동의 시기, 금액, 대상까지 세밀히 추적한다.

특히 의료업에서 환자 정보나 매출장부를 변조하는 행위는 중대한 범죄다. 곧바로 법적 처벌에 직면한다. 상황이 나쁠수록, 모든 변제와 재산 처분은 반드시 문서로 남기고 합법적인 절차를 거쳐야 한다.

연락을 피하면 상황은 더 악화된다. 불편한 전화를 받지 않거나 이메일에 답이 없으면 상대방은 '도망갔다'고 판단한다. 그렇게 생긴 불신은 곧바로 법적 조치, 특히 강제추심으로 이어진다. 이럴 때에도 완벽한 해결책을 제시할 필요는 없다. 현재 상황을 간략히 설명하고, 다음 대화를 약속하는 것만으로도 신뢰 손실을 크게 줄일 수 있다. 중요한 것은 대화의 끈을 놓지 않는 태도다.

예를 들면 다음과 같이 말하면 된다.

 사업의 90%는 실패한다

“지금은 현금이 없어 지급이 어렵습니다. 다음 달 15일까지 지급을 목표로 하고 있으며, 다음 주 수요일에 진행 상황을 다시 알려 드리겠습니다.”

이 한마디가 몇 달 뒤 협상장으로 다시 돌아가 일을 매듭짓는 토대가 된다. 위기 속에서도 대화를 계속하려는 태도가 결국 재기의 문을 연다.

정직해야 한다. 거짓말하거나 허위 서류를 쓰면 신뢰가 무너진다. 당장은 위기를 모면한 듯하지만, 장기적으로는 관계 회복이 불가능하다. 특히 금융기관, 정부기관, 법원에 허위 서류를 제출하는 것은 단순한 채무불이행이 아니라 명백한 범죄다. 한번 신뢰를 잃으면 회생 이후에도 시장에 복귀하기 어렵다.

자포자기해서는 안 된다. 실패 직후 스트레스를 잊겠다며 술이나 도박, 도피성 여행에 빠지는 행위는 위험하다. 문제는 해결되지 않고 자금만 더 빨리 고갈된다. 나도 실패 직후 몇 주간 불면증과 극심한 스트레스에 시달리며 무기력하게 지냈다. 건강이 무너지자 판단력과 실행력이 함께 떨어졌다. 힘든 시기일수록 빠른 의사 결정이 중요한데, 체력과 집중력을 잃으면 대응 기회를 놓치게 된다.

바닥까지 떨어진 체력과 정신력을 다시 끌어올리는 방법은 아주 작은 일부터 하나씩 해 나가는 것이다. 내 경우에는 정해진 시간에 일어나고, 식사를 챙기고, 산책이라도 하는 것이었다. 단순해 보이지만 그 작은 습관이 위기 속에서 나를 붙들어 준 큰 버팀목이었다.

또 하나, 근거 없는 기대는 상황을 더 악화시킨다. '다음 달에는 매출이 회복될 거야', '계약만 성사되면 모든 게 해결된다'는 말은 근거 없는 희망일 뿐이다. 나 역시 '이 장비만 도입하면 환자가 늘 것'이라 믿고 무리하게 투자했다. 그러나 환자는 늘지 않았고, 고정비만 증가했다. 결과는 최악이었다.

조언도 가려 들어야 한다. 위기 상황에서는 주변 사람들이 '그렇게 하는 것은 잘못하는 거고, 이렇게만 하면 된다'는 식의 단순한 해법을 내놓기 쉽다. 그러나 이런 시기의 결정은 반드시 객관적 자료에 근거하거나 전문가 검토를 거쳐야 한다. 가까운 사람의 조언은 무시하기 어렵지만, 냉정하게 걸러야 한다. 친한 사람의 법률이나 재무 조언이 항상 옳은 것은 아니다.

나는 도망치지 않고, 정리 과정에서 정직하게 최선을 다했다. 내가 옳게 행동할 수 있었던 것은, 믿을 만한 친구가 잘 이끌어 준 덕분이었다. 그는 법률에 해박했고 위기를 여러 차례 겪은 경험이 있어, 갈림길마다 내가 더 나은 선택을 하도록 도왔다. 결과적으로 그의 조언 덕분에 최선의 선택을 할 수 있었다. 시간이 지나 다시 생각해 봐도, 같은 상황이 되었을 때 이 원칙들을 끝까지 지킨다는 보장은 없다. 좋은 사람이 언제나 곁에 있을 것이라는 확신도 없다. 나는 망했지만 그래도 운이 좋았다.

지금 알고 있는 원칙들을 미리 알았더라면 훨씬 나았을 것이다. 사업은 성공보다 실패 가능성이 훨씬 크다. 그래서 막다른 길에 몰렸을 때

  사업의 90%는 실패한다

해서는 안 되는 행동을 미리 알아 둬야 한다. 잘못된 대응은 단순한 민사 문제로 끝나지 않고 형사책임으로까지 이어질 수 있다.

당시 나는 채권자 명단조차 제대로 정리해 두지 않아서, 한참 뒤에야 부채 관련 표를 만들 수 있었다. 그 과정에서 내가 무엇을 잘못했는지 깨달았다. 나는 책임이 막중한 자리에 있으면서도, 현실을 회피하고, 감정적으로 결정하고, 편법에 기댔다. 이 세 가지 실수만 피했어도 훨씬 덜 고생했을 것이다.

다시 서기 위한 힘을 비축하는 법

사업이 무너진 뒤 다시 일어서는 것은 우연이나 기적의 결과가 아니다. 재기는 철저한 준비와 원칙, 그리고 흔들린 마음을 다잡는 자기 관리에서 시작된다. 다만 내 경우는 다시 일어설 수 있었던 것이 자본도, 철저한 준비 덕분도 아니라 순전히 운이었다. 노력은 했지만 제대로 알고 한 것이 아니었기 때문이다. 하지만 몇 번이고 다시 일어선 사람들을 보면, 재기나 성공은 자본의 크기나 업종의 특성이 아니라 실패를 제대로 수습하고 체계적으로 준비하는 것에 달렸다.

나는 실패 직후 뭘 해야 할지 알 수 없었다. 그래서 '무엇을 다시 시작할까'보다 '당분간 무엇을 하지 않을까'에 더 집중했다. 여러 제안과 권유가 쏟아졌고 미뤄 둔 계획들도 떠올랐지만, 오히려 선택지를 줄이고 집중해야 할 때였다. 그래서 자산, 채무, 소득원, 지출 구조를 빠짐없이 적어 내려갔다. 낙관적인 추측은 버리고 최악의 상황까지 반영했다. 그것이 현실을 직시하는 첫걸음이었다.

완전히 무너졌을 때 거창한 사업 계획보다 먼저 필요한 것은 생존 계획이었다. 생활비 마련, 채무 상환 순서, 새로운 수입원 확보 방법까지 구체적으로 정리했다. 다른 병원에 취직해 일하며 조금씩 안정을 찾아갔다. 그 과정에서 병원 경영이 얼마나 고단한 일인지, 내 삶을 얼마나 지치게 했는지 곱씹어 보았다. 그래서 한동안은 다시는 병원을 하지 않겠다고 다짐했다.

다짐은 시간이 지나며 흔들리기 시작했다. 다시 병원을 운영하고 싶다는 열망이 고개를 들었다. 병원 경영이 어렵고 불확실성이 큰 분야라는 사실을 이미 알고 있었지만, 어려운 일에 도전하는 과정과 그 긴장감이 오히려 내가 살아 있음을 느끼게 했다. 사실 이유를 찾으려 해도, 왜 다시 병원을 하고 싶은지 그때는 잘 몰랐다. 지금 생각해 보면, 사업은 가장 힘든 도전이지만 동시에 자아를 실현하고 크게 성공할 가능성이 있는 유일한 길이다.

나는 병원을 시작할 때마다 늘 자본이 부족했다. 돈을 끌어올 데도 없었지만, 봉직의 월급만으로는 아무리 오래 일해도 병원 개원 자금을 모으기 어려웠다. 애초부터 버거운 출발이었고, 결국 잦은 실패와 재도전의 악순환으로 이어졌다. 그 시간을 버텨 낸 경험이 지금의 단단함을 키웠다. 그렇지만 너무 위험했다. 지금은 최소한의 자본을 반드시 갖추고 시작해야 한다는 입장이다. 아무리 좋은 아이디어와 기술이 있어도 완충장치가 없다면 오래 버틸 수 없다는 사실을 절실히 깨달았다.

하지만 아무리 준비를 철저히 하고 자본이 충분해도 여전히 사업은 실패할 확률이 높다. 무슨 수를 써도 성공의 확률을 획기적으로 올리지는 못한다. 그것이 사업의 본질이다. 완벽하게 갖출 때까지 기다리면 성공 확률은 조금 높아지지만, 기회는 훨씬 많이 놓친다. 최대가 아닌 최선으로 빠르게 준비하고 도전하되, 실패해도 다시 일어서는 끈질김이 결국 성공으로 이끈다. 준비와 운, 그리고 끊임없는 도전이 모두 필요한 이유다.

기업 운영은 업종이나 규모와 상관없이 어렵다. 최고로 평가받던 곳들도 예외가 아니다. 예를 들면 맛과 가격에서 호평을 받아 손님이 끊이지 않던 다양한 외식업체들도 고전을 면치 못했다. 마찬가지로 반도체 장비 분야의 강자, 역사가 긴 건설사, 환자 많은 병원 등 다른 업종의 사업체도 내부 사정은 비슷했다. 모두 각 분야에서 인정받는 곳들이었지만, 경영난을 피하지 못했다. 아무리 뛰어난 맛과 기술, 우수한 시설과 서비스를 갖춰도 현실은 결코 녹록하지 않았다.

그런데 나는 거의 준비 없이 병원 창업과 인수를 반복했다. 망할 확률은 원래 높으니 실패한 것은 어쩔 수 없다 해도, 솔직히 내가 재기할 수 있었던 것은 실력보다 운이 컸다. 이 글을 읽는 분들은 나처럼 무모하게 시작하지 말고, 기본적인 준비는 반드시 하길 바란다. 충분하거나 완벽할 필요는 없고, 특히 재기를 위한 최소한의 지식은 있어야 한다.

의사라는 직업 덕분에 내가 조금 더 수월하게 재기했을 수도 있다.

그렇다고 모든 의사가 재기에 성공한 것은 아니다. 병원 운영에 실패해 오랫동안 신용불량자로 지내는 의사도 많다. 특히 종합병원이 부도난 뒤 경제적으로 회복해 다시 일어선 경우는 보지 못했다.

나는 운이 좋아 몇 번이나 재기할 수 있었지만, 누구나 항상 운이 따라 주지는 않는다. 다시 일어날 준비를 갖추고 사업을 시작하는 것, 그것이야말로 현실적인 출발점이다. 두 번째, 세 번째 도전에서도 나는 잘될 때만 생각했고 '망할 준비'는 하지 않았다. 그러나 지금은 최악의 상황을 먼저 가정하고, 버틸 수 있는지를 계산한 뒤에야 시작한다. 버티는 것이 목표라니 소극적으로 보일 수도 있다. 하지만 의미 있는 수익은 몇 년간 살아남아 기반을 다지고, 기술과 노하우를 쌓은 뒤에야 가능하다.

내가 재기할 수 있었던 힘은 무작정 부딪쳐 보는 도전정신뿐이었다. 그러나 그 방식은 너무 무모했다. 모든 것을 잃을 뻔한 순간이 한두 번이 아니었다. 안전장치 하나 없이 대책 없는 도전만 반복했기 때문이다.

시간이 지나고 보니, 다시 일어서기 위해 반드시 필요한 세 가지가 있다는 것을 알았다. 첫째는 구체적이고 현실적인 계획이다. 둘째는 무너진 마음을 회복하는 일이다. 셋째는 신뢰를 잃지 않고 관계를 지속하는 일이다. 이 세 가지가 균형을 이룰 때 비로소 다시 설 수 있다.

나는 이 조건들을 전혀 준비하지 않았다. 그런데도 살아남은 것은 운이 따랐기 때문이다. 그러나 운은 언제나 기대할 수 있는 것이 아니다.

독자분들은 꼭 이 세 가지를 미리 준비하기 바란다. 그래야 안전하게 다시 설 수 있다.

사업은 양궁과 비슷하다. 지속적인 성공은 9점이나 10점을 꾸준히 맞히는 것과 같다. 처음부터 10점을 맞히기는 어렵다. 과녁을 맞히는 것이 첫 단계 같지만, 처음에는 기초체력을 기르고 자세를 익히는 등 기본기만 수없이 연습해야 한다. 그렇게 준비가 되어야 비로소 화살이 과녁에 닿는다. 처음부터 점수만 욕심 내고 지루하고 힘든 과정을 건너뛰면 이 단계까지도 도달하지 못한다. 사업도 마찬가지다. 처음부터 큰 수익만 노리기보다, 망하지 않는 데 집중해야 한다. 역량을 키울 시간이 우선이고, 지속적인 흑자는 나중이다. 어떤 사람들은 운이 좋아 단번에 큰 성공을 거두기도 한다. 그러나 그런 행운은 오래 지속되기 어렵다. 운이 따른다고 해도 망할 확률은 여전히 높다. 결국 대부분에게 필요한 것은 넘어질 가능성에 대한 대비와 다시 일어설 준비다. 재기는 결코 단숨에 이루어지지 않는다. 철저한 계획을 세우고, 무너진 마음을 회복하며, 관계를 회복하는 과정을 끊임없이 반복해야 한다.

여러 차례 사업에 실패하고 모든 것을 잃은 뒤, 긴 고생 끝에 성공하는 사람들의 이야기를 흔히 들을 수 있다. 테드(TED)나 세바시 등 공개 강연에 나오는 사람들의 고난은 상상을 초월한다. 하지만 우리가 알아야 할 점은, 그들이 특별히 더 불행했거나 아주 예외적인 경험을 한 것이 아니라는 사실이다. 사업은 원래 대부분 실패한다. 여러 번, 심지어 열 번 넘게 무너지는 일도 결코 드물지 않다. 그렇다면 최소한 열

  사업의 90%는 실패한다

번은 도전해야 한다. 하지만 그렇게 많은 시간과 자원을 가진 사람은 극소수다. 그래서 우리는 공부하고 준비하며, 조금이라도 성공 확률을 끌어올려야 한다. 준비하지 않으면 단 한 번의 기회조차 살릴 수 없다.

병원이 무너진 뒤에는 연락이 끊기는 이들이 많았고, 한때 가까웠던 사람들조차 냉담하게 돌아섰다. 실패 이후 나는 스스로를 추스르며 꼭 필요한 만남만 이어 갔다. 처음에는 서운했지만, 시간이 지나자 담담히 받아들일 수 있었다. 결국 어려운 이야기를 나눌 수 있는 몇 명만 곁에 남았다. 친구가 많지 않다고 해서 부끄러워하거나 자책할 필요는 없다. 진정한 친구는 한두 명이면 충분하다. 사실 친구가 하나도 없어도 버틸 수 있어야 한다. 결국 스스로 일어서야 하기 때문이다.

사업 관계는 내가 망하면 바로 끊어지고 다시 시작하면 자연스럽게 새로 맺어진다. 그래서 인간관계만으로 사업을 유지하려는 태도는 위험하다. 실력과 서비스가 먼저이고, 관계는 그 뒤를 받쳐야 한다. 그렇다고 관계를 무시하라는 뜻은 아니다. 이미 맺은 관계는 지키기 위해 노력해야 한다. 힘든 시기일수록 예의를 잃지 않는 것이 중요하다. 나는 거래처와의 관계에서 끝까지 예의를 지키려 했다. 화가 나고 답답했을 텐데도 나를 함부로 대하지 않은 거래처도 많았다. 덕분에 시간이 지나 다시 만나도 어색하지 않았고 지금까지 거래를 이어 가고 있다. 반면 어려울 때 욕하고 멱살을 잡았던 일부 업체는 지금까지도 나를 마주하지 못한다.

실패 후 다시 일어선 사람들

실패 후 다시 일어선 사람들은 사업이 얼마나 힘든 일인지 뼈저리게 안다. 그 과정에서 실패의 원인을 배우고, 부족했던 점을 고치며, 차근차근 실력을 쌓는다. 무엇보다 버티는 힘이 길러진다. 그래서 한동안 자포자기하더라도, 시간이 지나면 자연스럽게 '다시 해 보자'는 마음이 싹튼다. 단순히 의지만 강해진 것이 아니라, 실력과 지식, 경험이 쌓였기에 가능한 일이다.

특별한 훈련이나 새로운 학습이 없어도 이런 변화가 일어나고 도전의식이 끊임없이 솟아난다면, 그것은 타고난 성향이다. 그러나 대부분은 그렇게 타고나지 못하기에 훈련해야 한다. 실패 속에서 실력을 다지고 버티는 법을 익힌 사람들이 결국 다시 일어선다. 그래서 사업에서 성공하고 싶다면 '다시 일어나는 법'을 반드시 익혀야 한다. 그 마음과 태도를 깊이 새겨야 한다.

성공한 사람들을 가까이서 보면 출발점이 순탄하지 않은 경우가 많다. 겉으로는 안정되어 보여도 그 뒤에는 여러 번의 실패와 쓰라린 경험이 자리한다. 처음부터 잘나가는 사람은 거의 없다. 준비가 부족한 채 사업을 시작했다가 큰 고생을 겪은 경우도 많다. 실패를 겪으면서 버티고, 방향을 바꾸고, 다시 도전한 끝에 지금 자리에 오른 것이다.

나는 성공 과정을 지켜보며 공통점을 확인했다. 바로 대체 불가능한 기술과 버티는 힘이었다. 그들은 쓰러져도 다시 일어섰고, 그 과정에서 자신만의 무기를 만들었다. 여러 번 망한 것은 특별한 불운 때문이 아니다. 사업은 본래 그 정도 실패하는 것이 정상이고, 누구에게나 일어날 수 있다. 나는 운 좋게도 믿기 어려울 만큼 극적인 성공 사례를 여럿 목격했다.

먼저, 길거리 메밀우동 포장마차 이야기다. 어느 날 밤 출출해서 들렀다가 우연히 알게 되었고, 이후 단골이 되면서 사장님과 가까워졌다. 직접 들은 사연은 망함의 연속이었다. 젊을 때부터 음식점을 운영했지만, 할 때마다 결국 문을 닫았다. 가진 돈이 거의 남지 않자, 중고 1톤 트럭을 300만 원에 사서 작은 주방을 꾸리고 밤마다 장사를 시작했다.

국물 맛을 완성하기 위해 끝없이 연구했고, 면은 즉석에서 직접 뽑았다. 쫄깃한 식감과 무한리필 덕분에 갈 때마다 배부르고 만족스러웠다. 푸짐한 양과 깊은 국물 맛은 서서히 입소문을 탔고, 몇 년 뒤 손님이 폭발적으로 늘면서 주변 땅을 확보해 대형 포장마차로 확장했다. 내가 마지막으로 갔을 때는 이미 50평이 넘는 대형 포장마차로 성장해 있었다. 지금은 인천의 명소가 되었지만, 출발은 오래된 중고 트럭의 작은 포장마차였다.

직접 본 장면이 하나 있다. 사장님이 단무지 납품업자와 이야기를 나누고 있었다. 그날 받은 단무지가 평소보다 품질이 떨어진다는 내용이었다. 내가 먹어 보니 평소보다 덜 아삭하긴 했지만 충분히 맛있었다. 그러나 사장님은 그 미묘한 차이조차 그냥 넘기지 않았다.

"우동에 단무지가 얼마나 중요한데, 손님들에게 최상의 음식을 내놓지 못해 속상합니다." 이 한마디에서 맛 관리에 얼마나 진심이었는지 단번에 알 수 있었다.

또 다른 사례는 보쌈 전문점 이야기다. 주인 부부는 이전 음식점이 망한 뒤 자본이 거의 없어, 주택가 뒷골목 가정집 1층을 빌려 장사를 시작했다. 뒤뜰 쪽문을 출입구로 사용하는 곳이었다. 사람 왕래가 거의 없어, 장사가 안 될 것 같은 곳이었다.

개업 초기에는 손님이 거의 없었다. 그러나 강원도식 옹심이 수제비가 맛있다는 소문이 퍼지면서 손님이 조금씩 늘기 시작했다. 가격은 저렴했지만 수제비 맛은 뛰어났고, 이 맛에 반한 손님들이 친구를 데려오면서 가게는 서서히 활기를 띠었다. 그럼에도 몇 년 동안은 여전히 적자가 이어졌다. 수익이 좋은 주력 메뉴인 보쌈은 단가가 높아 쉽게 팔리지 않았기 때문이다.

시간이 흐르면서 상황은 크게 달라졌다. 손님들은 수제비를 먹으러 왔다가 보쌈까지 맛있다고 소문을 내기 시작했고, 두 메뉴가 함께 가게를 살렸다. 수제비는 수익이 크지 않았지만 가게를 지탱해 주었고, 결

   사업의 90%는 실패한다

국 성공의 발판이 되었다. 부부는 주변 단독주택 네 채를 매입해 일부는 주차장으로, 일부는 매장으로 바꾸며 확장했다. 가정집 마루에서 시작한 작은 가게가 마침내 대형 매장으로 성장했다.

사실 나는 그 가게 바로 앞에 살았는데, 매일 지나다니면서도 들어가 본 적이 없었다. 그런데 몇 년 뒤, 오히려 먼 동네 친구가 그 집을 유명 맛집으로 소개해서 처음 방문하게 되었다. 이후 나도 친구들을 많이 데려가고, 회식 장소로도 자주 이용했다.

주택가 반지하 냉면집 이야기도 있다. 사장은 친절한 40대 아저씨였다. 여러 번 음식점을 열었다가 번번이 실패했다. 마지막이라 생각하고 냉면으로 승부를 보기로 결심했다. '이번만큼은 절대 실패하지 말자'는 다짐이 확고했기에, 가게를 바로 차리지 않고 오직 기술을 배우는 데 전념했다. 전국의 냉면집을 찾아다니며 어떤 곳에서는 6개월, 어떤 곳에서는 2년씩 박봉으로 일했다. 일손이 필요 없는 집에서는 하루 종일 무급으로 허드렛일을 하며 기술을 익혔다. 그 진심에 감동한 어느 유명 냉면집 사장은 "지역만 겹치지 않는다면 냉면과 경영의 모든 비법을 알려 주겠다. 꼭 성공하라!"며 아낌없이 기술을 전수해 주었다고 했다.

5년간 기술을 갈고닦은 끝에 드디어 냉면집 문을 열었다. 그가 자리를 잡은 곳은 내가 대학생 시절 살던 조용한 주택가였다. 장독대 아래 반지하였는데, 테이블 두 개가 겨우 들어갈 만큼 좁았다. 하지만 몇 달 후 입소문이 퍼지면서 늘 대기 손님이 있었고, 여름이면 백 미터가 넘는 줄이 매장 밖으로 늘어섰다. 한낮에도 육수가 떨어져 손님을 돌려보낼 만큼 장사는 폭발적으로 잘됐다. 나는 원래 평양냉면을 선호했지만, 이 집의 함흥냉면만큼은 예외였다. 맛이 뛰어나 자주 찾았고, 지인들에게도 자신 있게 소개했다.

장사가 잘되자 마침내 건물을 지을 만큼 성장했다. 더 놀라운 것은 반지하에서 새 건물로 옮길 때였다. 건물을 짓느라 1년 넘게 문을 닫아야 했는데도, 재개장하자마자 손님들이 예전처럼 몰려들었다. 보통은 그 정도 공백이면 단골이 끊기기 마련인데, 이 집은 오히려 명성이 더 굳어졌다. 이후 만두 메뉴를 개발해 또 한 번 큰 성공을 거두었고, 지금까지도 꾸준히 성업 중이다.

또 하나는 나와 의형제인 엄한희 대표가 일군 정밀 기계 회사 이야기다. 이 책의 추천사를 써 준 분이기도 하다. 정밀 가공 분야에서 오랜 경력을 쌓았지만 여러 차례 부도 위기를 겪었다. 일감이 끊기다시피 한 시기도 있었고, 납품 불량으로 거래가 중단된 적도 있었다. 그러나 형은 포기하지 않고 기본과 원칙을 지키며 기술 개발에 매달렸다. 공장은 늘 정돈돼 있었고, 공정의 정밀도는 해마다 높아졌으며, 불량률은 꾸준히 낮아졌다.

형은 영어를 전혀 못했지만 직접 일본과 미국의 바이어들을 초대해 회사를 보여 주었다. 작업 현장을 본 바이어들은 크게 놀랐다. 모든 기계와 공구가 줄을 맞춰 정돈돼 있었고, 기름과 쇳가루가 날릴 수밖에 없는 곳인데도 바닥은 놀라울 만큼 깨끗했다. 처음에는 지나치게 완벽

　　　　　　　　　　　사업의 90%는 실패한다

한 정리정돈에 '보여주기용 아닌가?' 하고 의심했지만, 실제 가공 과정과 결과물을 확인한 뒤 그 정밀함에 감탄했다. 말은 통하지 않았지만 자신감 있는 눈빛과 간절한 태도는 그대로 전해졌다.

회사는 마침내 반도체 진공장비 부품 전문업체로 성장했다. 캐논, 삼성 같은 대기업과 거래를 시작했고, 세계 최고의 반도체 노광장비 기업과도 협력을 준비했다. 한때 부도 위기에 몰렸던 기업이 이제는 수백억 원 규모의 투자를 유치했다. 위기 속에서도 끝까지 원칙을 지키고 기술을 갈고닦은 것, 그것이 가장 강력한 경쟁력이 되었다.

이 네 가지 이야기가 전하는 메시지는 분명하다. 뛰어난 기술은 하루아침에 완성되지 않는다. 일정한 수준까지는 누구나 도달할 수 있지만, 정상에 오르려면 실패와 재도전의 과정을 거쳐야 한다. 그 과정에서 기술은 다듬어지고 사람은 단단해진다.

크게 성공한 사람들의 공통점도 분명하다. 누구도 쉽게 흉내 낼 수 없는 기술에 도전해 그것을 최고 수준으로 끌어올린다. 그리고 세상이 인정할 때까지 묵묵히 버틴다. 지금 당장은 최고가 아니어도 괜찮다. 무너져도 다시 일어서고, 목표를 끝까지 놓지 않는 근성이 중요하다.

작은 것에 성실하고,
가치를 끝까지 지키는 힘

큰 성공은 사소한 부분에서 시작되는 경우가 많다. 아직 성공이라 말하기는 이르지만, 나는 그 길을 걷고 있다. 꾸준히 성장하려면 새롭고 독보적인 기술을 갖춰야 한다. 그러나 의료 분야는 고도로 전문화돼 있어 남들보다 앞서기 쉽지 않다.

그래서 내가 택한 돌파구는, 환자는 많지만 주목받지 못하는 질환을 깊이 파고드는 것이었다. 이런 질환은 환자가 분명히 고통을 겪는데도 경증으로 분류되어 있어, 제대로 된 치료를 받지 못한다. 그 결과 고통은 길어지고 결국 장애로 이어진다. 나는 이런 질환 몇 가지를 오랫동안 연구하며 새롭고 효과적인 치료 방법을 찾았다.

손가락을 구부릴 때 딸깍거리다가 심해지면 완전히 걸려 버리는 방아쇠손가락이라는 질환이 있다. 방아쇠손가락은 의사에게는 사소해 보일 수 있지만, 환자에게는 우울증과 자살 충동까지 일으킬 만큼 고통스러운 질환이다. 효과가 좋은 것으로 알려진 스테로이드 주사는 6

개월 재발률이 75%, 1년 재발률이 90% 이상으로 높다. 주사로는 한계가 있어, 증상이 심하면 결국 손바닥 절개 수술이 답으로 여겨진다. 그러나 수술 역시 3~10%의 재발 위험이 있고, 통증이 심하며 회복도 더디다.

나는 환자에게 수술 대신 비절개 시술인 하키나이프를 적용했다. 하지만 하키나이프 시술은 기술적으로 까다롭고, 일관된 결과를 내기 어렵다는 한계가 있었다. 나는 이 문제를 해결하기 위해 10년 넘게 기술을 개선하고 기구를 개량했다. 기존 문헌에 보고된 하키나이프 시술의 평균 재발률은 약 3% 수준이다. 내가 개량한 시술법으로 시행한 2,000례를 통계 분석한 결과, 재발률은 0.5% 이하였다. 다만 3년 전 집계이므로, 이후 더욱 정교해진 기법을 고려하면 현재 재발률은 더 낮을 것으로 추정된다. 이런 경험을 바탕으로 방아쇠손가락 치료에 관한 책을 출간했다.

손목터널증후군은 손바닥과 손가락이 저리거나 무뎌지고, 심하면 물건을 놓치기도 하는 질환이다. 수술 시기가 조금만 늦어도 감각신경이나 운동신경 마비로 인한 불편이 영구적으로 남을 수 있다. 따라서 수술이 가장 안전하고 효과적인 치료법이다. 기존 손바닥 절개 수술은 통증이 심해 일상 복귀가 늦고, 재발률도 높았다. 잘 알려져 있지는 않지만, 재발 시 재수술은 매우 어렵고 결과가 좋지 않다. 심한 경우 손 기능이 영구적으로 손상되는 환자도 있다. 대안으로 절개가 작은 내시경 수술이나 실을 이용한 시술도 있지만, 신경이 주변 조직과 유착된 경우에는 신경 손상 위험이 높다. 그래서 나는 합병증이 적고 신경을 최대한 보호할 수 있는 손목주름 분절감압술을 익혔다. 이 방법은 통증이 적고 회복이 빠르며, 재발도 드문 뛰어난 수술법이다. 이후 임상 경험을 거듭하며 세부 기법을 꾸준히 개량해 완성도를 높였다. 원래 문제가 적은 방법이지만, 더 빠르고 안전한 회복을 위해 여러 보조 기법을 도입했다. 환자들이 만족스러운 결과로 생업에 빠르게 복귀하는 모습을 볼 때 큰 보람을 느낀다. 현재 손목터널증후군 치료에 관한 책도 집필 중이다.

듀피트렌 구축은 손가락이 점점 구부러져 펼 수 없게 되는 질환이다. 우리나라에는 드물지만 북유럽에 흔하다. 마땅한 비수술적 치료가 없어서, 오랫동안 손바닥을 광범위하게 절개하는 수술이 표준 치료로 여겨졌다. 손바닥 피부 밑의 두꺼운 섬유조직을 절제해야 했고, 큰 고통과 합병증이 뒤따랐다. 그럼에도 재발률은 약 50%에 달했다. 바늘로 근막을 절개하는 방법이 이미 있었지만, 절개 수술보다 불완전해 효과가 떨어지고 재발은 더 많아 한계가 뚜렷했다. 나는 바늘을 이용한 비절개 방식에서 힌트를 얻어, 하키나이프를 이용한 완성도 높은 시술로 발전시켰다. 이 기술은 회복이 빠르고 통증이 적으며 결과도 안정적이다. 무관해 보이는 일들도 인과관계로 이어지고, 사소한 경험이 중요한 단서가 되기도 한다. 듀피트렌 구축의 해법은 멀리 있지 않았다. 방아쇠손가락 시술에서 하키나이프를 오랫동안 사용해 능숙했고, 이 경험을 바탕으로 듀피트렌 구축에도 적합하다고 판단해 적용했다. 우리

　　　　　　　　　　　　　　사업의 90%는 실패한다

나라에서는 유병률이 0.1% 남짓에 불과하지만, 백인에게서는 유병률이 매우 높다. 전 세계적으로는 3억 명이 넘는 환자가 이 질환으로 고통받고 있다. 나는 이 획기적인 시술법이 전 세계 환자들에게 큰 도움이 될 것이라 확신한다.

통풍을 본격적으로 공부하게 된 것은 내가 심하게 앓았던 경험 때문이었다. 잘못된 의학 지식이 만연해 있어, 의사였음에도 올바른 지식과 처방을 얻지 못해 약 15년을 고생했다. 돌이켜 봐도 통풍에 대한 교과서 내용부터 잘못돼 있어서 올바른 정보를 얻을 방법이 없었다. 온갖 합병증으로 여러 차례 수술을 받았고, 심근경색으로 생명을 잃을 뻔했다. 그때 잘못된 지식과 처방이 얼마나 위험한 결과를 초래하는지 깨닫고, 다시 공부를 시작했다. 알고 보니 통풍은 비교적 쉽게 치료할 수 있는 질환이었다. 그러나 지금도 극심한 통증과 합병증으로 삶이 무너지고, 심지어 사망에 이르는 환자가 많다. 나는 이런 현실을 바로잡아야 한다는 생각으로 통풍에 관한 책을 집필했다. 환자의 고통을 덜어 주고 삶의 균형을 되찾게 돕는 일에 큰 보람을 느낀다.

여러 난치성 질환을 효과적으로 치료했다는 사실이 알려지자 전국 각지에서 환자들이 찾아왔다. 덕분에 병원 경영상 가장 힘든 시기를 버틸 수 있었다. 그러나 이 기술들은 처음부터 의도한 것이 아니었다. 진료실에서 작은 단서를 붙잡고 더 나은 방법을 찾기 위해 끝까지 파고들다 보니 조금씩 완성됐다. 혁신은 때로 골방에서, 작고 보잘것없어 보이는 것을 다루며 시작된다. 내 가장 큰 강점도 남들이 대수롭지 않게 여기는 질환에 관한 독보적인 기술이다. 사소해 보이는 분야라도 최고 수준의 실력을 갖추면 강력한 파급력이 생긴다. 전국은 물론 해외에서도 환자들이 꾸준히 찾아오는 사실이 그 증거다.

이 기술들은 편안한 상황에서 나온 성과가 아니었다. 병원 붕괴와 경영난 같은 절박한 환경 속에서 탄생했다. 문을 닫았다가 다시 열고, 양도와 매각을 거듭하며 '무엇이든 하나는 붙잡아야 한다'는 마음으로 버텼다. 다른 의사들이 다 하는 일은 더 잘하려 했고, 그들이 소홀히 여긴 영역은 세심히 살피며 집요하게 매달렸다. 그러다 가능성이 보이면 될 때까지 파고들었다. 어려움이 없었다면 이런 성과도 없었을 것이다. 절실함이 새로운 기술을 만들어 냈고, 힘들었기에 그것을 최고 수준으로 발전시킬 수 있었다.

사람들은 종종 "왜 본래의 전공을 두고 손가락 같은 경증 질환에 그렇게 매달리느냐?"고 묻는다. 신경외과 영역인 뇌와 척추를 주로 다뤄야 하지 않느냐는 지적도 받았다. 그러나 나는 다르게 생각한다. 핵심 분야가 아니더라도 환자에게 의미 있는 도움을 줄 수 있다면 전공을 굳이 따질 필요는 없다고 본다.

전공 수련은 4년에 불과하지만, 나는 의사로서 25년 넘게 진료해 왔다. 실제 진료 기간이 수련 기간보다 훨씬 길다. 방아쇠손가락 비절개 시술과 손목터널증후군의 새로운 수술법을 시행한 지는 15년, 듀피트렌 구축 수술을 시작한 지는 4년이 됐다. 이런 긴 임상 경력 앞에서 전공만을 기준으로 의사를 평가할 필요는 없다. 실제로 자신의 전공 밖에서 뛰어난 성과를 내는 의사들이 많다. 전공 밖의 분야를 진료한다고 해서 본래 전문 분야를 소홀히 했다고는 할 수 없다. 오히려 다른 분야까지 세심히 다루는 의사는 기본기가 탄탄해 본래 전공에서도 더 깊이 있는 진료를 한다. 실제로 나는 본래 수련받은 뇌와 척추 분야의 공부와 진료를 꾸준히 하고 있다.

사소해 보이는 것에 성실하고 집요하게 매달릴 줄 아는 사람이 결국 본업에서도 큰 성과를 낸다. 단무지 품질 하나에도 깐깐했던 우동집은 성공했고, 정성껏 끓인 수제비가 있던 보쌈집은 그 진가를 인정받았다. 평생 최고의 육수 맛을 추구한 냉면집은 건물을 올렸으며, 정리와 정돈을 습관처럼 지킨 반도체 회사는 세계 무대에 올랐다. 작은 것을 끝까지 붙드는 힘이 큰 것을 떠받치는 토대가 된다. 남들이 보지 않는 사소한 곳에 큰 성공의 씨앗이 숨어 있다. 나 역시 다른 의사들이 주목하지 않는 질환들에 집중해 기술을 연마해 왔다. 지금은 그 성과를 토대로 전 세계 환자들을 유치하기 위한 구체적인 준비를 하고 있다.

사업은 산을 오르는 일과 닮아 있다. 뭐 하나 쉬운 것이 없다. 손익분기점에 도달하는 것조차 험한 봉우리를 오르는 것만큼 버겁다. 큰 성공은 에베레스트 정상에 서는 것만큼 어렵고 드물다. 어떤 이는 부모의 자산, 전문 자격증, 우연한 기회 덕분에 더 높은 곳에서 출발하기도 한다. 그러나 누구에게나 스스로 걸어야 할 구간은 남아 있다. 그 길을 직접 오르지 않으면 끝내 정상에 설 수 없다.

부모님처럼 든든한 후원자가 있거나 새로운 조력자가 나타날 수 있다. 그러나 마지막 고비를 넘는 일은 결국 스스로의 힘으로 해야 한다. 조언을 건네는 전문가, 힘을 보태는 동료, 길을 안내하는 선배가 있더라도 끝까지 나를 올려 주지는 못한다.

정상에 서려면 평소에 충분한 실력을 갖춰야 한다. 튼튼한 기반이 있어야 기회가 왔을 때 힘껏 발을 내디뎌 스스로의 힘으로 설 수 있다. 남이 대신 올려 준 꼭대기에서는 오래 버티지 못한다. 내가 노력해서 올라가야만 그 자리를 끝까지 지킬 수 있다.

일은 반드시 단계를 밟아야 한다. 준비되지 않은 채 속도를 높이면 인력, 품질, 자금 가운데 한 부분이 먼저 흔들린다. 가게나 병원이 대표 없이도 돌아가고, 비수기도 견딜 체력이 생겼을 때 다음 단계로 나아갈 수 있다. 장사든 계약이든 투자든 상황을 보는 눈이 필요하다. 흐름이 불리하다면 잠시 멈춰 점검하고 회복하는 편이 더 멀리 간다. 물러서는 결단은 패배가 아니라 다음을 준비하는 과정이다.

기술만으로는 충분하지 않다. 진짜 중요한 것은 버티는 힘이다. 쓰러져도 다시 일어설 수 있는 기초체력이야말로 재기의 본질이다. 정상에 오르려면 그에 걸맞은 실력을 공부와 실전 경험으로 쌓아야 한다. 현장에서 시간과 노력을 아낌없이 투자해야 한다. 그 시간을 확보하려면 오래 버텨야 한다.

지금 어디에 서 있든 핵심은 같다. 우리가 하는 사업은 대부분 무너진다. 원인을 알지 못하기에 예방이 어렵다. 최선을 다해도 실패를 피할 수 없다. 크게 성공한 사람들은 대부분 수많은 실패를 겪었다. 그렇

사업의 90%는 실패한다

다고 멈출 수는 없다. 어떻게든 다시 발을 내디뎌야 한다. 사업하는 사람은 쓰러짐을 당연하게 받아들이고 쓰러진 자리에서 다시 일어서는 힘을 날마다 단련해야 한다. 결국 힘들어도 작은 노력을 멈추지 않는 집요함이 어려운 일도 해낼 수 있는 원동력이다.

사업이 무너지는 일이 얼마나 고통스러운지 나는 잘 안다. 병원 문을 닫던 날의 공기, 채권자와 직원들의 표정, 텅 빈 로비의 정적이 아직도 선명하다. 그날의 충격은 맨정신으로는 견디기 힘들었다.

오랫동안 붙들고 있던 질문이 있었다. '왜 망했는가?' 그러나 여러 번의 실패와 다양한 사례에서 얻은 결론은 명확했다. 망하는 것은 내 잘못이 아니라, 사업이 본래 무너지기 쉬운 구조라는 것이었다. 현실을 받아들이자 관심사가 달라졌다. 망하지 않는 법이 아니라 망해도 다시 일어서는 법을 찾기 시작했다. 절대 망하지 않는 법칙은 없었지만, 망했을 때 살아남는 방법은 분명히 있었다. 해답은 거창한 계획이 아니라, 무너진 자리에서 평범한 하루를 다시 살아 내는 일이었다.

나는 가장 힘든 시기에 매일 같은 시간에 일어나 할 일을 세 가지 이내로 정하고 반드시 지켰다. 10분 걷기, 하루 두 끼는 먹기, 제시간에 잠자리에 들기 같은 사소한 일들이었다. 모든 것이 무너져 내린 사람에게는 이것조차 어려운 일이었다. 작은 목표를 달성하는 성취감이 자신감을 회복시켰고, 그 자신감은 더 큰 도전으로 이어졌다.

사업이 무너질 때 무너지는 것은 돈만이 아니었다. 거래처와 직원, 고객, 가족과의 관계까지 한꺼번에 무너졌다. 무너진 신뢰를 외면하고 새 출발만 꿈꾸는 것은 모래 위에 집을 짓는 일이라고 생각했다. 피해를 끼친 이들에게 상황을 숨기지 않고 알렸고, 할 수 있는 범위에서 사과하고 보상했으며, 약속을 지키기 위해 최선을 다했다. 버거웠지만 시간이 지나고 보니 정직한 대응으로 얻은 신뢰가 다시 일어서기 위한 가장 확실한 자산이었다.

실패를 겪은 사람은 그렇지 않은 사람보다 기회와 위험을 함께 본다. 첫 사업에서는 기회만 보이지만, 실패를 겪고 나면 그 이면의 위험까지 보게 된다. 이 균형 잡힌 시각이 두 번째, 세 번째 시도의 성공 확률을 높여 준다. 실패는 값비싼 수업료이지만 동시에 가장 확실한 교육이다. 그 실패 속에서 얻은 경험이 성공의 가장 확실한 밑거름이 된다. 망했을 때 해야 할 일은 단순하다. 손실을 빠르고 정확하게 정리한 뒤 다시 시작하는 것이다. 완벽을 기다리다가는 시기를 놓친다. 불완전해도 시작하고, 고쳐가며 일하고, 또 넘어져도 다시 일어서야 한다.

아직 실패를 겪지 않았다면 운이 좋은 것이다. 그러나 그 운이 언제까지 이어질지는 알 수 없다. 따라서 최악의 상황을 가정하고 준비해야 한다. 여유 자금을 확보하고, 기록을 철저히 하며, 무리한 확장을 경계해야 한다. 문제가 생겼을 때 어떻게 대응할지도 미리 계획해 두어야 한다. 사업상 위기는 예외적인 상황이 아니라 높은 확률로 찾아오는 현실이다. 준비된 실패는 재기의 발판이 되지만, 준비 없는 몰락은 파멸로 이어진다.

　누구나 사업에서 실패할 수 있다. 중요한 것은 다시 일어서는 속도와 의지다. 잠시 멈추는 것은 괜찮다. 하지만 그 자리에 주저앉아 버리면 앞으로 나아갈 수 없다. 최악의 상황을 미리 그려보면 막연한 두려움이 사라진다. 상상할 때는 중간에 멈추지 말고 끝까지 가 봐야 한다. 밑바닥이 어떤 모습인지 똑똑히 보고, 거기서 올라오는 과정까지 미리 준비해 두어야 한다. 이렇게 머릿속으로 미리 시뮬레이션해 두면 위기가 현실이 되어도 당황하지 않는다. 실패는 예고 없이 다가오지만, 인정하고 받아들이면 살아남을 수 있다. 부정하고 자포자기하면 그때야말로 진짜 무너진다.

　사업은 누구나 망할 확률이 높다. 노력해도 크게 줄일 수 없다. 그래서 요령 있게 망하고 다시 일어서는 법을 아는 것이 가장 중요하다. 이것이 내가 여러 번 망해 보고 나서 알게 된 생존 비법이다.

2026년 2월

사업의
90%는
실패한다

ⓒ 김진균, 2026

초판 1쇄 발행 2026년 2월 25일

지은이　　김진균
펴낸이　　이기봉
편집　　　좋은땅 편집팀
펴낸곳　　도서출판 좋은땅
주소　　　서울특별시 마포구 양화로12길 26 지월드빌딩 (서교동 395-7)
전화　　　02)374-8616~7
팩스　　　02)374-8614
이메일　　gworldbook@naver.com
홈페이지　www.g-world.co.kr

ISBN　979-11-388-5515-0 (03320)